法廷通訳人

裁判所で日本語と韓国語のあいだを行き来する

丁海玉
チョン・ヘオク Chung Haeok

港の人

はじめに

「……それでは、通訳人、宣誓してください」

黒いガウンのような服を着た人が言った。一段高い所に座っているこの人は、裁判官だ。

席を立って、部屋の真ん中にある証言台に向かって進んだ。

両手にうすい紙をもつ。宣誓書だ。

手錠と腰縄をとかれて後ろに立っている被告人は、証言台の前に立った通訳人の背中を、不安げにじっと見つめている。裁判官も、弁護人も、検察官も、こちらに視線をよせている。

だんだん、へそのあたりに力が入ってきた。紙をもつ手が震えないように、指先に力を入れる。上がっている、とまわりに知られると、その空気が伝わってもっと上がってしまう。

「宣誓。良心にしたがって、誠実に通訳することを、誓います」

せんせい、という日本語を、へそのあたりにたまった力と一緒に、一気に喉の奥から出した。胸のどきどきは、自分の声で消してしまう。

この法廷で今、私はこの事件の韓国語の法廷通訳人になった。


法廷通訳人とは、その言葉どおり、裁判所の法廷で通訳する人のことだ。いろいろな言語の通訳人が裁判所の名簿に登録されており、公判で通訳人が必要になればその名簿をもとに連絡が入る。法廷通訳人として管轄の裁判所の名簿に登録されている人のことを、通訳人候補者と呼ぶ。

裁判で通訳が必要になれば、その名簿から、事件ごとに選任されて初めてその事案の法廷通訳人になる。そしてその事件が判決を迎えた時点で法廷通訳人の務めは終わる。

よく、「法廷通訳をするのに資格はありますか」と聞かれることがあるが、裁判所で定めた認定試験や資格のようなものはなく、もちろん裁判所の職員や専属でもない。

事件とひと言でいっても大きく分けると民事事件と刑事事件があって、一般的に法廷通訳という場合は後者での出番が多くなる。長いあいだ、刑事事件で裁かれる人のことを、被告人、被告、などとごちゃまぜに言っていたが、ある日、刑事事件では被告と言わずに被告人と言うのです、という指摘を受けて、びっくり仰天したことがある。〈人〉の一文字が刑事事件では入り、民事事件では入らないということらしい。

「裁判所で通訳をする」

かっこいいではないか。

裁判所……難しい司法試験に受かった人たちがたくさん出入りしている所。そこで通訳をするのだ。裁判所では、先生、先生、と呼ばれて背筋がしゃんとする。そのうち、自分でもだんだん、ものすごくエラい先生の気分になってくるから不思議だ。

その一方で、警察に捕まった人たちと関わって、もし後で通訳に因縁でもつけられたらどうするのか、知らなくてもよいことを知ってしまって後々何かのトラブルに巻き込まれることはないのか、などと、心の底から心配してくれる人も少なくはない。

法廷通訳、という言葉そのものが、日本にいる私たちの耳にまだ馴染んでいないからなのかもしれない。けれども、世の中がグローバル化するにしたがって、法廷通訳の出番が増えてきたのはまぎれもない事実だ。どんなものなのか実態がよくわからないだけに、人々のとらえかたもさまざまで、断片的なものになってしまうのだろう。

実際、法廷通訳に携わる人たちも、考え方はさまざまだ。逆に言えば国籍、年齢、性別、職業の枠を越えた、それだけ多種多様な人たちがこの仕事に関わっているということだろう。

完全に通訳の仕事のひとつとしてプロフェッショナルな立場から入る人、語学力を活かしたい人、ボランティア的な感覚で社会や被告人の役に立ちたいという人……。それぞれに、報酬や資格のこと、語学力、倫理観など、気が遠くなるような問題が山積みである。

いろいろ考え出すと、実際に法廷通訳に携わっている人たちも、実態などよくわからないのではないのかと疑ってしまいたくなる。少なくとも、私はそうだ。わかっているのはただひとつ、裁判所で通訳をするという事実、ただそれだけだ。

「裁判所で通訳をする」と、ひと言で言ってしまうことは、とてもたやすい。だが、それはいったいどういうことなのか。

なぜ私は、裁判所から連絡が来ると待ってましたとばかり即座に通訳を引き受け、法廷に立つのだろう。

裁判所や、裁判手続きということ。いろいろな法曹関係者や被告人たち。劇場で見るような、怒り、涙、かけひき、ため息と、飛びかう法律用語。適切な訳語への迷い。目線のやり場、呼吸の仕方にこまってしまう一瞬。でこぼこの韓国語、そして母語である日本語までもが試される怖さ。それらは時としてズレたり歪んだり、どうかすると鋭い刃物のように私を突いてくる。

法廷通訳人は最初に宣誓書を朗読して、目に見えない〈良心〉と〈誠実〉を担保にしなければならない。そして日本語ともうひとつの言語を使いながら、被告人やさまざまな法曹関係者、事件の関係者、傍聴人などと時間を共にしていく。非日常の空間の中で、普段の生活ではなかなか見えない人間の姿があぶり出される光景を目の当たりにすることもある。

そこにあるのは言葉だ。

言葉には、それを使う人の人となりや個人史、生き様が反映される。日本語であれ韓国語であれ、放たれる言葉によってその人の〈生〉が鮮やかに浮かび上がることがある。もちろん法廷通訳人の言葉も例外ではあり得ない。

裁判所という公開の場で、自分をさらけ出す場に立つ覚悟を試されながら、私はふたつの言葉のあいだを行き来している。

注、本書に「韓国・朝鮮語」、「朝鮮語」という表記も出てくるが、全体的には「韓国語」に統一した。また、人名は仮名です。

目次

法廷通訳という仕事

法廷通訳人になる

「大阪地方裁判所です。韓国語の法廷通訳をお願いしたいのですが……」

一本の電話が突然かかってきた。

裁判所の傍聴に足が遠のいていた夏の初めのことだった。裁判所、法廷通訳……。日常からずいぶんと遠い単語が耳に響く。

……とうとう、きた！　法廷通訳の仕事だ！　どうやら私は忘れられていなかったらしい。私は本当に法廷通訳人になれるのだ。


大阪地方裁判所の門を最初にくぐったのは一九八〇年代の後半で、まだ要通訳事件[1]も通訳人候補者の登録者数も、それほど多くなかった頃だ。私の父が当時裁判所で韓国語の通訳人を務めており、その担当事案の傍聴に通ったのが始まりだった。

✎1　要通訳事件という言い方は、法律の条文に出てくる言葉ではなく、通訳を要する事件を「要通訳事件」と呼称する実務上の慣行をあらわす。

父の職場へ裁判所から通訳の依頼があり、それからこの世界と関わることになったと聞いている。通訳人候補者を登録する際、今ほどには形式的な姿が整っていなかった頃の話だ。おそらくは急に韓国語の通訳人が必要になり、「どうやって見つけようか」「あそこに問い合わせてみたらどうか」などのやりとりがあって、結果的に父の所に話が回ってきたのだろう。日常の会話の中で「今日は大阪で裁判だ」「堺の裁判所は市役所の横で拘置支所も近くにあって……」「今度舞鶴の裁判所に行く」「京都の裁判所は丸太町の駅から……」などとよく聞いていた。そのような意味で法廷通訳の世界はそれほど遠くなかったとも言える。

その頃、私は韓国での五年の留学から戻り数年が経っていた。せっかく覚えた韓国語をこのまま眠らせてよいのかという焦りもあり、また、いろいろと自分の在り方について考えがまとまらない時期でもあった。法廷通訳の世界にはそれらを考える上で何らかの糸口があるに違いない、いつかきっと裁判所で通訳をしたい、という思いは募り、父に裁判所の通訳の仕事をしたいと頼み込んでいた。

日本生まれで日本語が母語の私にとって、韓国語は母国語ではあっても外国語のようなものだ。留学時代、授業についていくのは容易ではなかった。当時韓国は軍事政権下にあり、大学も冬の時代を迎えていた。ノートを借りたりレポートの内容を教えてくれたり、と机を並べ助けてくれた国内の友人たちが学生運動で逮捕されることは日常茶飯事の日々。私自身もその数年前から続く在日韓国人留学生スパイ事件の報道や、「行動に気をつけるように」という周囲の忠告が常に頭にあり、何があっても不思議はない、いつどうなってもおかしくない、と緊張する日々が続いていた。

（もし、こんな状況で捕まったら、このつたない韓国語で、一体、何を、どこまでまともに説明できるのか？）

（わからないことをいいことに、なんでもかんでも勝手に話を作られるのではないか？　自分がまったくわからないところで物事が進むのではないか？）

全身に張り付くような不安感は日本に戻ってからもしばらく続いた。法廷通訳の世界に強く惹かれたのはこのあたりの経験も無関係ではなかったと思う。

ところが肝心の父は、「社会勉強なら」と私の傍聴に釘を刺したままで、具体的に登録の話が進む様子もなく、そのまま数年が過ぎていった。「社会勉強なら」という言葉の裏には、娘にはあまりさせたくない、という親の考えがあったのかもしれない。後に、とても難解だったりプレッシャーの大きい事案を担当しながら、父の気持ちが少しずつわかるような気もした。

父の通訳を傍聴しながら、よいことや反面教師になるようなことなどいろいろ学ぶことができた。言葉の面だけでなく、誠実・正確・中立という法廷通訳の特殊性への理解は進んだが、戦前に日本に渡ってきた父の、明らかに同胞寄りの心情が透けて見えることもあり、これでよいのだろうかという疑問や反発心をもつことも少なくなかった。どこの国の人だ、何《なに》人《じん》だ、という感情を排除した司法の場での通訳ということ。傍聴を通じ、その役割についてさまざまな角度から考える機会を持てたことは幸いだったと思っている。

それから数年後、父の重い腰を引っ張り続けた結果、やっとのことで裁判所に登録の希望を伝えてくれたと、そう聞いた。しかし本当に登録されたのかどうかを確認する術もないまま時間だけが過ぎ、ある日突然やってきた法廷通訳の依頼だった。

「事件はですね。出入国管理および難民認定法違反です。いわゆるオーバーステイです」

書記官が罪名と合わせて矢継ぎ早に被告人の名前を伝えようとする。

「すみません。ちょっと待ってください」

あわてて手帳を開いて被告人の名前を書き取る。初公判の期日もその場で決まる。名前には韓国人女性の名によく使われる漢字が一文字入っていた。

（女の人だな……。オーバーステイだったら今までもたくさん傍聴してきたし……）

できないことはないはずだ、と、はやる気持ちを抑えてメモをとった。

「国選弁護人[※2]には、初めて法廷通訳をする〈先生〉だとお伝えしておきます」

（〈先生〉って、私のこと？）

くすぐったかったが悪い気はしない。この私が〈初めて法廷通訳をする先生〉ということらしい。初めて、ということを伝えることで担当の弁護人に気を配ってもらえるということだろうか。法廷通訳人は弁護士の接見に同行することもあると聞いていた。3

2　国選弁護人とは、被告人のために国が選任する弁護人のこと。法廷通訳人が国選弁護人の接見に同行する際の費用は法テラス（日本司法支援センター）から支払われる。
　一方、私選弁護人とは、被疑者や被告人、その近親者がみずから費用を負担して選任する弁護人のこと。法廷通訳人が私選弁護人の接見に同行する際の費用も、私選弁護人を選任した側の負担になる。その場合、私選弁護人とのあいだで「通訳料をいくらお支払いしたら良いでしょうか」「それでは一時間で……」といった値段交渉も直接行うことが多い。

　ちなみに弁護士とは、司法試験に合格するなどして弁護士資格を有する人のこと。弁護人とは、刑事訴訟法上被疑者や被告人の弁護を任務とする人のことをさす。弁護人は資格を有する弁護士がなるのが原則。しかし裁判所が特別に許可した場合は、弁護士以外の人を弁護人に選任できる。民事事件では、弁護人とは言わず代理人という言葉が使われる。
3　接見とは、身体を拘束されている被疑者や被告人と弁護人などが面会すること。法廷通訳人が同行を求められた場合は拘置所や警察で通訳することが多い。

「それからですね。先生、ご足労ですが、一度裁判所まで履歴書を持ってきていただけますか？」

履歴書？　なるほど、正式に仕事を依頼するということは、やはりそれなりの備えが裁判所にも必要というわけか。確かに事前研修や書類審査など何もなかった。ひょっとして私はまだ登録されていなかったのかもしれない。裁判所で通訳する人間がどこの誰かわからないというのもまったくおかしな話だ。[4]

[4]　大阪では二〇一五年現在、通訳人候補者として登録する際、傍聴を重ねた後、履歴書と作文提出などを経て面接と導入説明が行われるケースが多い（韓国語の場合）。登録後、裁判所主催で「法廷通訳基礎研修」「法廷通訳セミナー」「法廷通訳フォローアップセミナー」などが実施されている。が、登録や研修については言語や地方事情によって一括りにできない側面もある。

指定された日時に裁判所に向かう。

面接のようなものかと緊張しながら指定された部屋に行くと、若くて優しそうな裁判官、黒ぶちのメガネをかけた書記官の二人に迎えられた。簡単な挨拶をすませたあと履歴書をその場で提出して、裁判官から住所や仕事について質問を受ける。

「どうして法廷通訳をしたいと思ったのか」という問いには、待ってましたとばかりに、「ふたつの国の言葉のあいだに立って自分にできることをしたいからです」と答えた。ずいぶん優等生的でありきたりな答えだなと思ったが、まったく嘘というわけでもなかった。

横にいる書記官がなにやら手を動かしている。裁判官と私のやりとりをノートを広げて黙々と書いているのだ。話したことを書き写している。まるで何かの証拠として残されるようなヒヤッとした感覚が走る。書き取られた記録はいったいどういう時にどのように使われるのだろう。自分が出した言葉がそのまま拾われ記録される、という行為を目の当たりにして、傍聴席で見ていたのとはどうも話がまったく違うようだ、という実感が迫ってきた。

「それから、報酬ですが……多くは準備できず申し訳ないです」[5]

少し歯切れが悪そうな言い方に、はっきりした規定はないことを念頭に置いてほしいというニュアンスを感じた。こちらは仕事ができるだけで舞い上がっている。もらえるだけをいただこうという気持ちが勝った。というか、この仕事は報酬のことを考え出すと続けられないような予感がした。

退席する時に一冊の小冊子を借りた。最高裁判所事務総局編『法廷通訳ハンドブック韓国・朝鮮語編』という、刑事事件の概要や法廷用語の対訳などをまとめたものだ。

「こんな本も出ているのか」手にしながら胸が高鳴る。出版されて間がないらしい。[6]

「差し上げることはできなくて……」

そう申し訳なさそうに言ったのは裁判官だったか書記官だったか。とんでもない、借りるだけでも予習は充分できます、と、急いでカバンにしまった。

[5] 法廷通訳人の報酬に関しては、刑事訴訟費用等に関する法律七条に「裁判所が相当と認めるところ」とされており、具体的な報酬基準などの有無や内容は公にされていない。

✎6　第一版が平成四年（一九九二年）三月十五日となっており、後に裁判所内の書店や大型書店で入手可能になった。言語別に何種類も出ていて出版される年度も違い、表紙の色もさまざまに違う。韓国・朝鮮語の表紙は薄いすみれ色である。他に白い表紙の実践編もあり、こちらは改訂版も出ている。

数日後、国選弁護人から連絡がきた。ずいぶんとしゃがれてのんびりした話し方で、年配の人らしい。

「どうぞよろしくお願いします」

「こちらこそ、よろしくお願いします」

丁寧に挨拶を返されて恐縮してしまう。電話の向こうで腰を折りながら頭を下げる弁護士の姿を想像した。

それから何日か後に、大阪拘置所の門の前で待ち合わせをした。

思っていたよりずっと年のいった男性がゆったり向こうから歩いて来る。弁護士というのは自由業だから定年などもちろんない。だから年配の先生がいても不思議ではないわけだ。とりわけ外国人のオーバーステイの事案は、弁護士にとって通訳が入る煩わしさはあるものの比較的取り組みやすい事案だと聞いたことがあった。

弁護人と一緒に拘置所の中に入る。建物に向かう途中、水が出ていない噴水があって水盤部分の水溜まりには睡蓮の葉が浮いていた。ちらちらと動き回るのは赤い金魚のように見えた。[7]

[7] 大阪拘置所は老朽化のため現在大がかりな改築工事が行われて、水の出ない噴水も既に撤去された。

ここが、時々ニュースで見たことのある拘置所の中なのか。確か死刑執行も行われる場所のはずだ。あっさり中に入れて拍子抜けする。一方ですごく私は先生らしくなった気もする。その同じ門から一般面会の人も必要な手続きを踏んで中へ入ってきていた。

弁護人について古びた建物に向かって右側の階段を上がっていく。二階に弁護士控え室があってそこから接見室に入るのだという。

一般面会の人は左側の入口に入っていく。面会室の方から、番号札の順番を呼ぶアナウンスが割れるように響いていた。

こじんまりした弁護士控え室から呼ばれて接見室に入り、パイプ椅子を広げて通訳人用の席を作った。二人座れば動けなくなるほどの広さだ。接見室はコンクリートの冷気でひんやりしていた。アクリル板が向こうとこちらの空間を区切っている。アクリル板の下に、小さい穴があいた細長い金属製の板がはめられていて、そこから互いの声を通す仕組みになっている。

伏し目がちな中年を過ぎた女性が透明な板をはさんで向かい合わせに座った。痩せて肩の骨が目立った、少し顔色の悪いおとなしそうな女性だ。

「こんにちは」という弁護人の挨拶を、「アンニョンハセヨ」と通訳する。

「アンニョンハセヨ」。女性がちらっと私に目をやってから短く挨拶を返した。

「こんにちは」と弁護人に通訳する。

距離がこんなにも近い。真正面に座る女性の皺の深さに目が届く。息づかいが伝わってくる。

法廷通訳は出てきた言葉を直訳して正確に通訳する――自分に言い聞かせながら、通訳をすすめていく。弁護人は私が〈初めて法廷通訳をする〉ことを念頭に置いているのか、文章を区切りながら丁寧に話を進めていく。女性も聞かれたことだけポツポツと答える。

女性はいわゆる出稼ぎで、理由は子供の学費を稼ぐためだったと話した。在留期間を二年以上も過ぎて食堂の皿洗いなどをしながら金を貯めては送金していたらしい。

一時間ほどの接見を終えた後、外に出て弁護人がこう尋ねてきた。

「どうでしたか？」

（……………）

どう答えたらよいのかわからなかったが、対面していた女性の印象より拘置所という初めての場所に気持ちが高ぶっていた。オーバーステイの事案そのものはそれほどややこしい内容でもない。接見中の通訳も特に手こずることはなかった。

「はい。裁判、がんばります」

弁護人は黙って軽く頷いた。

その後公判の日を迎えるまでは、仕事ができる嬉しさで住んでいる世界が変わってしまったようだった。まるで法廷通訳をすることで自分が新しくなるような気すらしていた。検察官の冒頭陳述[8]、証拠の要旨、論告、それから弁護人の弁論など公判に必要な書類もひととおり届いていたので何度も目を通し、裁判の流れももう一度頭にたたき込んだ。準備を万端に整え、公判の日を待った。

8　刑事事件では、検察官は起訴した犯罪事実を証拠に基づいて証明しなければならない。冒頭陳述とは、その証拠を調べる初めにどのような事実を証明しようとしているのかを、検察官などが陳述する手続き（弁護人も検察官と違う主張を法廷で陳述したい時は行うことがある）。

書面を朗読する前に検察官が必ず言う「この裁判で検察官が証拠により証明しようとする事実は次のとおりです」のフレーズは、通訳の際うっかりすると何かの呪文のように聞こえる時がある。

裁判員裁判では、公判前に整理された争点と証拠について、証拠調べの初めに検察官も弁護人も冒頭陳述を行ってそれぞれの主張を述べる。

そして当日の朝。

さすがに食べ物が喉をとおらない。スーツ姿で雲の中を歩くようにして裁判所に向かった。指定された法廷に少し早めに着くと、傍聴席に人がびっしり座っている。

いったい何事だろう。廊下で通訳の手続きに必要な書類を記入しながら、ペンを持つ手が少し震えはじめた。なるべく傍聴席には目を向けないようにして法廷の中に入ると、証言台の正面に向かって右横に通訳人用の机と椅子が見えた。そこに座ると、傍聴席には背を向けることになる。つまり傍聴席を見なくてもすむわけだ。滑り込むように席に着いた。真後ろに、先日拘置所で会った被告人が二人の職員にはさまれ手錠と腰縄をつけられたまま開廷を待っている。

私を見て少し動く気配があったが職員に止められた様子だった。言葉は交わさず軽く会釈だけする。

(まさか、私を自分の味方だとは思っていないはず……)

ここでは被告人だけのために通訳はできない。法廷通訳人は裁判所から選任されるのだ。先日の接見室での距離感とは当然変わってくる。

裁判官が法廷に入ってきた。一段上の席に座る裁判官を下から見上げるような形になる。この間履歴書を渡した時に会った裁判官のようだが今日はお面をつけたような顔つきで別人のような気もする。

カチャカチャと、職員が鍵を取りだし手錠を外す音が聞こえる。

「開廷します」

「ケジョンハムニダ」

法廷で出た言葉はひと言漏らさず通訳しなければならないのだ。シュミレーションを重ねたとおりに反射的に通訳した。自分の声が少しうわずっているのがわかる。

通訳人の宣誓書朗読をうながされ、証言台の前に立った。

「せんせい……」

A4の宣誓書が揺れている。いや、それを持つ私の手が震えている。いけない。上がっていることをまわりに気付かれる。気付かれることで私はもっと上がってしまう。咄嗟に、宣誓書をさりげなく証言台の上に置いて読み続けた。木製の証言台に手をそえて震えを落ち着かせる。

審理が始まった。

人定質問[9]に入り、被告人が証言台の前に立つ。

[9] 裁判官は公判の初めに、起訴状に書かれている被告人の姓名、生年月日、国籍（本籍）、住所、職業、などを本人に尋ねて確認する。人定質問というこの手続きを経て、裁こうとしている目の前の人が書類の中に書かれている人と同じなのか確かめる。

私から見て左手に彼女が立っている。よく見ると彼女も小刻みに震えている。それを見て少しだけ冷静になれた。

「国籍は？」

「日本での住所は？」

裁判官が立て続けに質問する。通訳する。

女性は記憶が曖昧なのかしどろもどろして答えられない。まさか私の通訳がわからないわけではないだろう。起訴状にある通名も、雇主が勝手につけたものだから自分はよくわからなかったと、ぼそぼそ言う。通訳する。

ところが、「職業は？」と質問されると、まるで人が変わったようになった。

「五階建てのビルを掃除して焼き肉用の鉄板を洗って畳の部屋もたくさんあるのを掃いて拭いて……」

突然ペースを変えて韓国語で話し始める彼女を唖然として見つめた。

私が通訳できないことに気付いた裁判官が、「ひと言ずつ、ゆっくり、短く言ってください」と注意する。それを韓国語に訳して伝える。

腰を折られたように彼女が私をじっと見つめた。

私も訴えるように彼女を見つめた。

（どうして、起訴状に書かれた職業じゃなくて、そんなに長く言うの？　私、通訳できません）

少しの間があって、彼女が、「飲食店店員です」と韓国語でボソッと言った。「飲食店店員」は起訴状に書かれた職業名だ。余計なことは言うなということなのか、と、すべてを察したかのように、彼女は声量をぐっと絞って日本でやってきた仕事を単語ひとつにまとめた。

それを通訳しながら、頭の中で何かが弾けた。

いいいいいいいいいいいいいいい

法廷で出た言葉はすべて訳さなければならないのに。

通訳できなかった！　彼女の言いたかったことに、ついていけなかった！

その後はどのように審理が進んだのかよく覚えていない。まわりの光景が真っ白になってしまう、とはこのようなことをいうのか。検察官も弁護人も、私が〈初めて法廷通訳をする〉ことを考慮してくれたに違いなかった。それなのに、だ。

書面の翻訳など準備に抜かりはなかった。

けれども日本語にしろ韓国語にしろ、耳に入ってくる言葉はもちろん、発せられる自分の言葉までもが何故あれほど遠くへ飛んでしまうのか。ばらばらの単語が風船にくくられ手の届かない所へ飛んで行くような、そんな感覚だった。

被告人質問の時も、彼女は私が〈初めて法廷通訳をする〉人、もしくは経験の非常に足りない通訳人と了解したのか、接見の時と同じように聞かれたことだけポツポツと答えた。目に涙が浮かんでいたが、それが頬にこぼれ落ちることはない。こらえていたのか、諦念したのか。細い声で聞き取りにくい言葉を、彼女の口元を見ながらなんとか読み取ろうとした。

あっという間に時間は過ぎて、被告人が最後に言う言葉を通訳し終えて結審した。

あとは判決の日を決めるだけだ。いずれにしても彼女は執行猶予が出て国に帰ることになるのだろう。今まで傍聴したケースもそうだったし、弁護人も接見でそのようなことを説明していた。

今日のところはとりあえず終わった。何もかもが無我夢中だったが、それでも公判が終わったことに安堵していた。

ところが、裁判官はまったく意外なことを言い出した。

「では、判決します」

判決？

いまここで、すぐに判決宣告をする？

そんなこと聞いていない。ガイドブックにはそんな流れはなかったはず。それとも私が見落としたのか、聞き落としたのか。何より今日はそこまで予習していない。

裁判官の前に座っている書記官から、書記官席の隣の席に移るように言われた。

（これから、いったい、どうなる？）

席を移りながら混乱した。そして傍聴席に向かって座った私の目が、そこを埋めた傍聴人の目、目、目、につかまった。

たくさんの視線が自分に注がれている。私の言葉に、そして私自身に注がれている、熱い、鋭い、視線。もしかしたら、裁かれているのは被告人ではなくてこの私だったのか？

恐ろしさで震えが走り始めた。

横の書記官がなにげなく一枚の紙を手渡してくる。それが判決文だとわかるまでのわずかな時間、私の緊張感は頂点に達した。執行猶予付きの判決で文章もそれほど長いものではなく、難しい日本語でもなかったと、今なら言える。だが、判決文というものを見ること自体、もちろんその時が初めてだった。単語と単語をじぐざぐにくくりつけるように訳しながら、目の前は再び真っ白になっていた。


公判終了後、消えてしまいたいぐらい情けない思いを隠して小さい声で書記官に尋ねた。

「あれでよかったんでしょうか？」

書記官は少し困った顔で、

「いや、ぼくにもわかりません」

と、短く答えた。当然のことだ。書記官は韓国語を知らなかったはずで、よかった悪かったと判断するにもしようがないはずだ。

廊下に出てきた時は、わきの下からふきだした汗でブラウスがべっとり濡れていた。いつのまに脱いだのか、スーツのジャケットがカバンの中に押し込まれている。傍聴人で埋まった法廷の熱気から離れ、廊下は静けさに満ちていた。

わしづかみにして法廷から持って出てきた書類の束が手の中に残っている。上気し、放心状態の私に、弁護人が、「できましたか?」と、声をかけてくれた。そして、ばらばらになっている書類を公判で使う順番に丁寧にそろえてくれながら、「次はこの順番でするように」と、クリップではさんで渡してくれた。なにげない弁護人の言葉だったが、廊下で魂が抜けたようになっていた私にこのひと言は神の声のように響いた。

裁判所から出て冷静さを取り戻すにつれ、頭の中を被告人の女性のことが占め始めた。胸の中に重石がほうりこまれ、苦い気持ちがあふれてくる。韓国語という、同じ言語を使う人間として被告人は何を思っただろう。通訳することにせいいっぱいの私の姿を、被告人席からどんなふうに眺めていたのだろう。

被告人は私をじっと見つめていた。

でも、私は被告人をまったく見ていなかった。いや、見ることができなかった。

同じ国の人が苦労しているのだから何か自分にもできることがあるような気がする、なんて、ただのちっぽけな感傷にすぎないのではないか。オーバーステイの事案なら簡単だと思っていたのは、とんでもない思い上がりだったのではないか。

彼女にとってこの裁判はこれから先、忘れたくても忘れられない時間になるに違いない。私は人が裁かれる、まさにあの場所に立っていた。

(これは大変なことをするんだ)

(えらいことになってしまった)

浮かんでくる言葉を口の中で飲み込みながら、地下鉄の駅に向かって重い足を一歩ずつ運んでいた。

そこに立たされる人生

わたし、通訳いりません

「仕事は、韓国語と日本語の通訳です」

流暢な日本語で、裁判官の前に立ったその男性被告人は言った。短い言葉だが、発音もイントネーションも、ネイティブの日本語にかなり近い。弁護人の接見に同行していなかったので、この人と会うのは今日の初公判が初めてになる。

人定質問の際、証言台に細長い指でもたれかかりながら法廷通訳人の私をだるそうにながめていたが、ふいに、ぱちん、と目が合った。

(同業者か。やりにくいなぁ)

私は思った。

続けて彼は発言した。

「わたし、通訳いりません」

その日は書記官席の横、つまり裁判官より一段前のところに傍聴席に向かって座っていた。[1]

1　法廷通訳人の席として制度上、ここ、と決まった位置はないが、二〇一五年現在、大阪では書記官席の横に法廷通訳人が座ることが多い。過去には証言台の横に座るケースも多かった。同じ横でも検察官側と弁護人側があって、空気感が微妙に違うのが不思議だった。
　書記官席の横に座るのは、この通訳人は裁判所で選任していますよ、ということを明確にする意図や、通訳人の安全上という配慮もあるらしい。被告人の表情が真正面から捉えやすい反面、裁判官の指示を背中から気配で感じとらなければならない難しさもある。

こうして座ると、被告人の顔が真正面にあって表情がよく確認できる。

あらためて彼を見た。

くたびれたジャケットを、痩せた体にざっくりはおっている。白いものが混じった前髪のむこう、額を横に走る深い皺までここからだとはっきり見える。偽造旅券で韓国と日本を行ったり来たりしていて、起訴状には旅券法違反の罪名が記されている。流暢な日本語を駆使しながらさまざまな商取引にも携わり人間関係も複雑らしかった。余罪があり追起訴が続く予定だと裁判所から聞いていた。

手続きが始まった。裁判官が告げた黙秘権の説明を韓国語に直す。いくら彼が、「通訳いりません」と言っても、手続き上どうしても通訳しなければならない部分がある。伝えながら、じっと被告人の顔をながめた。

うつむき加減に目を正面からそらし、耳はすっぽり床を向いている。(すみません。私もこれが仕事なんで)。ひらきなおって私は胸の中でつぶやく。

要通訳事件になると、当然のことだが日本語でやりとりされたことをもう一度訳さなければならない。だから同時通訳や同時朗読をしない限りは、ほとんど二倍の時間がかかるとみてよい。

つまりその半分の時間は、裁判官たちにしても逆に被告人にしても、ひたすらじっと我慢の待ち時間、になるわけだ。考えを練ったりまとめたり、と、人によっては有効に使える場合もあるようだが、話の流れをぶつぶつ区切られながら聞かなければならないので待つ方も大変だと思う。

そんな中で一人声を出しっぱなしの人間が通訳人だ。

裁判官、検事、弁護人、そして被告人から出た言葉全部を要約なしで、すべて訳さなければならない。時々切れ目のない自分の声にくたびれてしまうこともある。一方で、わからない言語を聞かされているほうはどうなのだろう。通訳している時に、

「ふーっ」

と深いため息が聞こえてきたりすると、ついついこちらが悪いことをしているような気になってしまう。

だが、私が法廷通訳人としてその場にいる以上、私の韓国語と日本語を必要とする人が法廷にいることは明白だ。聞いてくれる人が〈そこ〉にいて、自分の訳でつながったと感じられる一瞬は、なにごとにも代えがたい手応えになる。

けれども、今日の被告人は〈そこ〉にいない。今日の被告人は「通訳いりません」と最初から法廷通訳人を拒否している。

私の韓国語と日本語を必要としている人が〈そこ〉にいないことで、まるで自分自身を否定されたような気までしてくる。「通訳」として法廷にいることがどうにも心許なかった。

コピー商品を扱ったということで商標法違反の追起訴が続けてあり、三、四週間ごとの公判は回を重ねて季節も変わった。公判のたびに彼を正面からながめたが、あいかわらず表情を読み取るのは難しい。事実をぜんぶ認めていて、本人の関心事は〈早く終わってほしい〉ことと〈実刑か執行猶予か〉というふたつだけのようだった。

最初に私と目が合ったとき以降、通訳にもすこしも関心を向けていない。公判の流れそのものもなすがまま、どこか他人《ひと》ごとのような様子で、書類を朗読する際も日本語で読み上げても韓国語で読み上げても顔色ひとつ変えず、聞いているのか聞いていないのか。 ✎2

📎2　法廷で朗読される書類の種類としては、起訴状、冒頭陳述、論告、弁論、判決などがある。証拠書類についても取調方法を朗読すると法律で決められており、要通訳事件の場合は事前に朗読原稿をもらうことが多い。判決文はその性質上公判の直前に渡されることが多い。特に長文の場合は、判決公判が始まるまで時計を見ながらの翻訳作業に、集中力が試される。

たった一度、私が書面の通訳をし終えた後に、大きなため息をつきながら何も言わず首を左右にぶんぶん振ったことがあった。やはりその目が私をとらえることはない。緊張が走った。日本語の内容そのものに納得がいかなかったのか、私の通訳に納得がいかなかったのか。もし、後者だったら、「どこが、どんなふうにあなたは納得できないの？」と、尋ねたい気持ちを飲み込んで無関心をよそおった。ピタッと、彼はまた銅像のように動かない。

（だったらあなたは今、何のために首を左右に振ったのか。言いたいことがあるなら、私を見て言ってちょうだい）

一般的に刑事事件の被告人から、法廷の通訳に対し注文や文句がその場で出ることは決して多くない。レベルが高いから出るはずがない、という理由なら枕を高くして眠れよう。だが、どうせその場で言っても裁判所に逆らうようにとられたら損、おとなしくしておこう、早く終わってほしいいし、という理由ならば法廷通訳人はただの飾りに過ぎない。

ところが、被告人に質問する時間になると彼は別人になった。

争いのない事案[3]なので、弁護側の被告人質問は情状面がメインだった。つまり、よんどころない事情があってこうなってしまった、深く反省している、二度と日本には来ない、という被告人にとって有利な事情を裁判官にどれだけわかってもらえるかが重要になってくる場面だ。

[3] 争いのない事案とは、争点がなく事実を認めている事案のこと。自白事件ともいう。また、争いのある事案のことを否認事件ともいう。

彼は弁護人の質問にとにかくよくしゃべった。まるでこの時のためにじっと力を蓄えていたかのように。もちろん日本語でだ。

韓国で大学を卒業し事業を興したが失敗し莫大な借金ができたこと。結婚生活も破綻して子供と離ればなれになったこと。日本と韓国を行き来しながら新しいビジネスを始めて軌道に乗ったこと。

そして犯罪事実に関しては、軽く考えていた最初のオーバーステイが原因で日本へのビザが下りなくなり偽造旅券に手を出してしまったことや、ビジネスをしながらコピー商品売買に手を染めてしまった状況について、彼自身の事情を強調しながら話した。

弁護人は私選弁護士だった。入念に打ち合わせをしたらしく二人のやりとりはテンポがよい。通訳をはさまないのでなおさらだ。

予測できていたことだが、何のためにこの法廷に私がいるのかと居心地がますます悪くなっていく。

でも、気は抜けない。もしかしたら突然わからない単語をこちらにふられるかもしれない。以前も日本に二十年以上いた人の通訳に入って、六十分間で一語だけ通訳したことがあった。広い砂浜でダイヤモンドを見つけるようなものだ。

通訳の入った公判で、被告人が通訳を使わずに日本語を話すケースは珍しくない。中には、(ちょっと、待って。あなたの日本語わからない。通じていない。お願いだから国の言葉でしゃべって。お願いだから通訳を使って)

と、聞いていてじりじりするケースもあって、そんな時は裁判官もやきもきしながら、

「正確を期すために、母語の韓国語で話してください」

とはっきり指示することもあったりする。

一方で裁判官も弁護人も被告人が日本語で話すことに何も言わない以上、その選択を尊重するべきだとも思う。

ただ、ひと言で〈日本語ができる〉といっても、そのレベルはピンからキリまであり、理解そのものにも幅がある。裁判所側も、万が一わからない部分があってはいけないということで、ある程度日本語で日常会話ができる人にも通訳人をつけているのだ。

でも、彼は違った。語彙力も表現力も、その日本語はまさしく「通訳いりません」だった。韓国で大学を出たと言っていたが、何を専攻した人なのだろう。ずいぶん本なども読んでい

るのかもしれない。途中から、いつでも通訳できるようにぎゅっと鉛筆を握っていた手がゆるんでいた。独特なイントネーションと力強さが耳に飛びこんでくる。韓国語が母語の人がつくる特徴のある日本語の音が途切れなく流れる。

私は彼の日本語に聞き惚れていた。そして無性に思った。

（この人の韓国語を聞きたい）

ひと言だけでもいい。

彼の日本語がなめらかであればあるほど、彼の母語の韓国語の〈音〉は、もっと美しいに違いない。そして日本語で語る彼、今眺めている彼と、その美しい韓国語の〈音〉で語る彼はどのように違うのか。その違いを見てみたいと、私は思った。

結審の日、開廷する直前に法廷で検察官から論告[4]を渡された。ほとんどの場合このような書面は通訳人が事前準備できるよう時間に余裕をもって届けられることがほとんどだが、この時はタイミング的に難しかったらしい。裁判所を通じてでも催促をするべきだったがそれを怠った私も悪かった。

4　検察官が裁判所に対して、事件に関する最終的な意見や妥当と思われる被告人の量刑について述べる手続きを、論告という。その際告げられる求刑はあくまでも検察官の意見で最終的な結論ではない。しかし公判では、判決を宣告されたと誤解して泣き声を上げたりする被告人もいなくはない。検察官が求める量刑なので、被告人の立場からすると厳しい内容に聞こえるからだろう。

一方、弁護人の最終的な意見を弁論という。論告とはうって変わって被告人に有利なことが述べられるせいか、感極まり静かに涙を流す被告人も少なくない。

一度だけでもさっと目を通したかったが、想像していた以上に枚数が多い。こんなにたくさん……。

(ぶっつけ本番か。粗い訳になってしまうな)

聞き手としての被告人がやはり気になる。

そうでなくても論告は「これだけ悪いことをしたのだから厳しく処罰してください」という、被告人にとって辛い内容ばかりが書かれている。通訳している最中に被告人が泣き始めたり、ぐったりうなだれたりしてくるケースもあり、自分の口から伝えている内容の重さに私の韓国語がきちんとついていっているのか怖くなることがある。

が、とにかく今は訳すしかない。この被告人が少しでも耳を傾けられるように訳していくしかない。

裁判官が入ってきた。手続きが始まる前に指示があった。

「通訳人。被告人の横に座って同時でお願いします」

時間上の制約などから、書面朗読の際に同時に訳しながら韓国語で朗読することも時とし

てあり得る。✎5

✎5　法廷通訳人が書記官席の横に座り、ワイヤレス通訳システムを利用して同時朗読をするのが一般的になるのは、このケースから数年後のことだ。このシステムは送信機を装着した通訳人が小声で通訳を行い、それを受信機のイヤホンを通じて被告人に伝えるもので、公判廷では原則的に事前配布された書面を朗読する時に使用する。同時通訳とは異なる。

「はい」と席を立って、長椅子に座った被告人の右真横に座りなおした。正面からずっと見ていた被告人の顔が今初めて真横にある。まつ毛がずいぶん長い人だな、と瞬間思った。

検察官の朗読を聞きながら小声で訳し始めた、その時。すっ、と横から彼の左手が差し出された。そして、私が右手で持っていた書面の端を、ぐっ、とつかんでくる。

（えっ？）

反射的に、こちらの右手にも力が入った。ぐいっ、ぐいっ、被告人は自分のほうに書面を引っ張っていこうとするが、こちらもそのまま渡すわけにはいかない。

（これは、私がもらった通訳人用の書類なんだから）

焦りながら、私も引っ張られた分だけ、ぐんっ、と引き戻した。あらがう力に彼も驚いたのか、ちょうど二人のあいだの所で書面の位置が定まった。小学校の頃、教科書を忘れてしまって隣の席の友達と一冊の本を片方ずつ手で支えて読んだ時のように。

そう、彼は本当に読んでいた。

検察官の日本語を聞きながら、書面の日本語をじっと目で追っている。その横で、私も必死に韓国語で訳していくが、全然彼の耳に届いていないことは、はっきりしている。さぞかし、うるさく邪魔なことだろう。でも、勝手に止めるわけにはいかない。検察官の朗読はいつにもまして早口だ。訳がついていかない。置いてきぼりにされてしまう。声がだんだん遠くに聞こえてくる。

終わりにさしかかり、結論部分の「……求刑は……」という言葉が耳に入ってきた。

通訳人に渡された書面は求刑部分が空白になっているのが一般的だ。被告人が一番知りたい肝心の内容がそこには記されていない。ずっと、彼の耳もとでブツブツコソコソ朗読していた私の目の前で、急に、ぱっ、と彼は右手を振り上げた。左手は書面の端を握ったままだ。その時、確かに聞こえた。

「シッ」

……これを訳すならば、静かに、黙れ、というところか。声が喉の奥で止まってしまった。そして日本語で伝えられる求刑を行儀よく一緒に聞いていた。

考えていた以上に求刑が重かったのか、被告人はだらんと背中を椅子にもたれかけさせたまま放心状態になっている。実刑を求める年数が長く、商標法違反がらみの罰金の数字も予想以上に大きかったのだろう。弁護人のせっかくの熱心な弁論にも上の空のまま、被告人の最終陳述に入った。

「これで審理を終えますが、最後に裁判所に何か言いたいことがあれば、言ってください」

裁判官が被告人に伝えた。

私は被告人の横の席から元の書記官席の横の席に戻った。長い同時朗読で頭の中がしびれきっている。書面を引っ張られる力の感触が、まだ右手に残っていた。その右手に、とりあえず鉛筆をにぎらせた。もしかしたら、通訳しなければならない。いや、彼は今まで、一度もこの法廷で韓国語を使っていない。この期におよんで、通訳を使うことはあり得ないだろう。迷いながら被告人の唇を注視した。何かしゃべるのか。やはり日本語か。

深い息をついてから、彼は話し始めた。

(……韓国語だ!)

あわてて鉛筆を握り直す。ネィティブだけが話せるなめらかな韓国語が法廷に流れる。ひとつの単語もこぼさないよう、紙の上に無我夢中で書き取る。

韓国語を使った!

韓国語を聞くことができた!

動いている彼の唇を注視し、彼の〈音〉を逃さないよう追いかける。日本語も、「仕事は、韓国語と日本語の通訳です」というプライドもかなぐり捨てた素のままの彼の姿を追いかける。その姿の向こうに、彼が今まで歩んできた韓国での姿が幾重にも重なって見えた。

ビジネスで騙されたことを話しながら怒って声を荒げる。会えなくなった子供の話をしながら泣いて声を震わせる。私が聞きたかった美しい韓国語の〈音〉が、彼という人間の生身の〈言葉〉になって目の前に立っている。

その〈言葉〉をひろう。日本語に換えていく。

迷う素振りは見せない。声を平たくして、声をまっすぐにして。

いったい、どうして彼は最後の最後に自分の母語である韓国語を選んだのだろう。発音もイントネーションも、ネイティブと遜色ないほどの日本語を使っていた彼だったが、しかし彼は自分と日本語との埋めがたい距離をわかっていて、衝動的にその溝を埋めようとしたのではないか。どうしても出せない発音、どうしても届かないニュアンスの存在を、最後に母語で補って自分自身を表現したのではないか。

彼と私とが、充分信頼関係を結べたとはとても言い難い。顔を合わすのは公判廷だけだったし、挨拶どころか視線すらもまともに交わせなかった。私の韓国語を聞きながら里心がついたとか、逆に流麗な韓国語を見せつけようとしたとか、そんな湿っぽさとはずっと遠い所に彼はいた。

しかしいずれにしても彼はこの法廷で、法廷通訳人である私を介して韓国語を使った。まるで私という存在を認めてもらえた気までしてくる。満ち足りた気持ちに酔うことを、ひととき許して欲しいと思った。

後日、判決の主文は実刑で求刑どおりの罰金も科された。覚悟を決めていたのか、すっかり落ち着いた彼に向かって判決文を韓国語で朗読していく。

控訴権の説明を済ませすべての通訳を終えてから彼を見つめた。彼も私を見つめた。目が合うのは、それが二度目だった。

だれがそれを、きめたんだ

桜の花が散った頃だった。

「……殺人と傷害の事件なんですが、お願いできますか」

初めて法廷で通訳をしてから数年が経っていた。ひとつの審理が終わったあと私は書記官室に呼ばれていた。私を呼んだ人は、ずんぐりとした、たぬきみたいな書記官だ。いつもニコニコしている人なのだが、その日はすこしあらたまった様子だった

綴じられた記録の表紙に目をやると、罪名が殺人・傷害となっている。傷害事件は以前にも担当したことがあったが殺人事件は初めてだった。いつかそのうちまわってくるかもしれない、と思っていたが、いざとなるとドキッとする。現実に、人間が一人殺されているのだ。一瞬引いてしまいそうになったが、やりたい、という、自分だけに聞こえる声が体の中から聞こえた。気がつくと、

「わかりました。お引き受けします」

と、その場で引き受けていた。怖いもの見たさ、ではなく、怖いもの知らず、とでも言えようか。けれども、きっとそれまでとは違う法廷通訳の姿に出会えるはずだという、妙な確信のようなものに背中を押された。

ひとつひとつの事件の依頼は、各部各係の書記官[1]から通訳人に直接連絡がくる。要通訳事件で通訳人を確保するのは主にこの人たちの仕事になるようだ。通訳人からみれば、書記官は裁判所の窓口、言ってみれば〈手配師〉のような人たちだ。どんな基準で通訳人を〈手配する〉のか、〈手配される〉側としては、一度聞いてみたい気もする。

[1] 裁判所書記官は、裁判官と同じような黒い法服を着て裁判官の前に座っている人のこと。裁判の進行を調整したり事前の準備をしたり、と、裁判官にかわって実務的な仕事を目に見えない所でたくさん担っており、公判調書の作成など書記官にしか認められていない権限もある。公判調書とは、公判期日の審理に関するさまざまな手続きを書記官が記録する書類のことだ。

書記官席の隣に座ってメモをとりながら通訳をしていると、書記官も横で競うようにペンを走らせていることがある。べつに競っているのではなくその記録を元にして、後に公判調書を作成するのだ。たまに公判が終わった後、被告人が言った固有名詞や、私の通訳の聞き取りにくかった単語を確認されたりすると、コアなつっこみをされた気がして「もっと何かありませんか?」と聞きたくなる気持ちを抑えることもある。

初公判の少し前、担当の国選弁護人から被告人との接見に同行してほしいとの連絡が入った。約束の日に拘置所の門の前で初めて会う。簡単な挨拶を交わした後、眼鏡姿の男性弁護士が尋ねてきた。

「法廷通訳の経験は、どのぐらいありますか?」

こういう質問は答えに困る。今まで扱った件数を数えて手元に残してはいなかった。多いです、とか、少ないです、という答えは何を基準にしているのかわかりにくい。何年前からしている、という答えも頻度に幅が出てくる。弁護人としては事件も事件だし、この法廷通訳人がきちんと仕事をしてくれるのかどうか不安なのだろう。

少し迷ったが、結局、「殺人事件は初めてです」とだけ答えておいた。

答えながら私も相手の弁護士が気になってきた。要通訳事件はどのくらい経験しているのだろう。通訳人の使い方には慣れているのだろうか。法廷通訳人というものをどのように理解しているのだろう。気にはなるが、こちらからそんなことはとても聞けない。お互いに相手のことを推し量るように距離をあけながら接見室に向かっていた。

裁判所で選任される法廷通訳人は、弁護人による拘置所や警察での接見に同行して通訳できるようになっている。できるようになっているというのは、絶対法廷通訳人が同行しなければならない、というわけではないという意味でもある。

「弁護人に（通訳の）先生の連絡先をお伝えしてもよいでしょうか」

裁判所から丁寧に連絡が入ることもあるが、それを断ったことは一度もない。というのも、通訳人にとって弁護人の接見に同行させてもらうのはとてもありがたいことだからだ。通訳しながら事件の内容やポイントになる言葉なども予習できるし、被告人の雰囲気や状況もある程度把握できる。また弁護人のほうもいちいち通訳人をさがす手間が省ける事情も絡んでくる。

出てきた言葉は、編集を加えたり省略したりせずすべて訳さなければならない。それは法廷通訳だけでなく、警察や検察など司法通訳全般に通じる特殊性でもある。言葉がわかる人に、とりあえず訳しておいて、というわけにはいかない。

その一方で、どうして法廷通訳人が弁護人の接見に同行できるのか、不思議に感じることもある。

法廷通訳人は中立でなければならないという。それならば検察側とも弁護側とも等しい距離を保たなければならないはずだ。よくよく戒めておかなければならないのは、接見同行することによって弁護人寄りの情報が多くなりすぎてしまい、法廷通訳人の立場として公判で通訳する時に先入観が邪魔しないかということだ。

そしてその逆も考えられる。弁護人側では、裁判所発行の証明書をもつ通訳人を各々の弁護活動に使うことに居心地の悪さは感じないのだろうか。感じながらも目をつぶって、仕事

を進めることを優先させているのだろうか。📎2

📎2　法廷通訳人が弁護士の接見に同行するのはあくまでも便宜上のことで法律や規則で定められたものではない。裁判所は弁護人に対して、希望すれば通訳人の連絡先を伝えて接見に同行できるような態勢をとっている。

法廷通訳人を弁護活動に同行させることに対しては、弁護士によって考え方に温度差がある。国選、私選問わず、裁判所選任の通訳人とはあえて別の通訳を使う弁護士もいる。

大阪では二〇一五年現在、被疑者国選制度（勾留されてから起訴されるまで、自分で費用を払えない人が国選弁護人を請求できる制度）の広まりにしたがって、被疑者段階で弁護人接見に同行した通訳人を起訴後も接見同行にそのまま使う弁護人が増えつつある印象がある。

これらの事情は、少数言語かどうか、それぞれの地方の状況、また事案によっても、考え方や対応に違いがあると推測する。


いずれにしても連絡さえ入れれば、そわそわ身支度をしている単純さが私にはある。必要だから呼ばれているという現実感はどんな理屈をも凌駕してしまう。法廷通訳の仕事にはこんな単純さが案外役に立っているのかもしれない。

事件の内容は、韓国から出稼ぎに来ていた初老の夫婦のうち、酒を飲んだ夫が妻とささいなことから喧嘩になり、刃物で刺して死なせてしまったというものであった。かなり泥酔状態だったというが、刺した場所が胸部だったため傷害致死ではなく殺人で起訴されていた。

そして働く場所と住まいを提供してくれていた在日韓国人の自分の叔父さんの顔にも切りつけていた。

公判では、殺意と責任能力の有無が争点になっていたが、この公判ではもうひとつ争点があった。甥っ子である被告人は、叔父さんに怪我をさせたことを頑として認めていなかった。

何回目の公判だっただろう。切りつけられたその叔父さんが検察側の証人として法廷に立つ日がきた。被告人が叔父さんに怪我をさせたことを否認している以上、検察としては被害者の叔父さんを裁判に呼んで「私はこの甥っ子に切りつけられました」と直接証言してもらい、その姿を裁判官に見てもらうのが一番手っ取り早い。

ところで法廷通訳人は、検察官とは公判以外ではほとんど接触がない。検察庁から事前に書面を渡されることもあるが、ファックスか郵送、もしくはついでの時に裁判所に直接受け取りに行ったりと、きわめて事務的だ。短い時間かもしれないが、法廷という場で一緒に仕事をするのだ。積極的に挨拶できないまでも、せめて公判が始まる前に簡単な会釈ぐらいでもと思うのだが、その時々の状況でかなわぬことも多い。

誤解のないように言うと、これは決して儀礼的な挨拶のことではない。たとえば目と目で間《ま》を取ったり、お互いの呼吸をはかったりすることは、小さいが大切なコミュニケーションの要素となり、通訳をする時に思わぬ効果を及ぼすことがある。

この事件を担当している公判検事[3]と、それまでの公判中一度も視線を合わせることがなかったことが若干気がかりであった。だが、こういうことはよくあることだ。そのうちお互い慣れるだろう、と思っていた。

✎3 東京や大阪などの大都市の地方検察庁では、取調べや起訴を担当する検察官と、公判を担当する検察官は別になっている。前者を取調検事、後者を公判検事とも言う。地方ではどちらも同じ検察官が担当するケースも多い。

証人の叔父さんは被告人より十数歳年上だ。年齢だけ見ると高齢者といってもおかしくない世代。しかし洗いざらした灰色の作業服を着て、ずしずし廊下を歩いてきた叔父さんは実年齢よりずっと若く見える。

甥っ子から韓国での苦しい生活事情を訴えられ、清掃など単純な仕事ならまかせられるかと叔父さんが手を差し伸べたのが始まりだったか。解体業を細々と経営するプレハブ事務所の二階に夫婦をとりあえず住まわせ仕事を与えるが、それが資格外活動になることを叔父さんは知っていたのか。

いくら叔父さんのもとで働くと言っても、性格が内向的な被告人は知り合いもできず、日本語を覚えることもままならない。些細な不都合や不便が少しずつ積み重なって、それが身近な人への不満へとつながっていく。悪いのはすべて周りのせいだと酒に溺れることが増え、徐々に仕事もまじめにしなくなったという。

拘置所でも裁判所でも、被告人はずっとおとなしい。長年連れ添って苦労をかけた妻を殺めてしまったことを悔い、酒に溺れた自分を責めていた。が、その一方で叔父さんのことは絶対に、自分はやっていないと言い張る。上目遣いで周りの顔色をうかがう臆病さと、そして叔父さんへの不満を延々と述べる頑固で粘着質な気質が、被告人の中に奇妙に同居していた。

法廷に入る前から叔父さんの表情は険しかった。刺された箇所が目元だったらしく、白い眼帯が痛々しい。だが、がっしりした肩から湯気のように立ちのぼる叔父さんの怒りのせいで、そんな眼帯も小さく感じられた。

事件後、被告人と会うのはその日が初めてだったらしい。法廷に入ってしょぼくれきった被告人を目にすると、叔父さんの吐く息が荒くなり始めた。私は証言台に立つ叔父さんと、後ろの長椅子に座ってうなだれる被告人のあいだに座っていたのだが、叔父さんの息の熱さがこちらにまで伝わってくるようだった。

(興奮してはるなぁ……)

冷静に通訳に集中したいこちらにとって戸惑うような息の荒さ。

幼少時に韓国からやって来て、それから半世紀以上日本で暮らしてきた在日一世の叔父さんは、日本語も韓国語も話せる。

「証人は、日本語で話されますか、韓国語で話されますか」

裁判官の問いかけに、

「日本語で話します」

何を当たり前なことを、といった表情で叔父さんは憮然と答えた。叔父さんにとっては日本語が日常的に便利で楽なのだろう。

証人が使う言語によって証人尋問の通訳方法はいろいろあるが、その日は検察官の質問とそれに対する証人の答え（日本語）をひとつのセットにして、被告人に通訳（韓国語に）するよう裁判官から指示があった。

当然、叔父さんは自分が話した言葉を被告人に通訳する私の韓国語も聞き取れるわけである。下手な訳をしてしまったらいつ横からクレームが飛んでくるかもしれない。それに韓国語は尊敬語の使い方が難しい。相手は年配の人だし、表現に失礼があったらどんな反応があるかわからない。落ち着かねば、と頭の中ではわかっていながらも、叔父さんの興奮は空気を伝って私を身構えさせた。

ゆっくりとしたテンポで検察官の質問が始まった。

検察官とはやはり視線が合いにくい。検察官の質問、叔父さんの答え、私の通訳、の〈間〉がぎくしゃくしたままで、なかなか互いの呼吸がつかめない。通訳しながらリズムのようなものがつかめればスムーズに流れるのだが、三者がどうにもかみ合わなかった。

そうしているうちに、初めこそ静かに受け答えをしていた叔父さんが少しずついらいらし始めた。足の貧乏揺すりが目立ってくる。

「証人は……ですね？」

「それで被告人は……でしたね？」

「それで証人は……だったのですか？」

「被告人は……じゃないでしょう？」

検察官の質問が重なるにつれて叔父さんは、自分のことを「証人」と呼び、甥っ子のことを「被告人」と呼ぶことに、だんだん整理がつかなくなる様子だった。

そんな検察官と自分のやりとりをまとめて韓国語に通訳するあいだも、（わかりきったことをなんでいまさら）という感じで、苦々しそうに私に目をやった。

ふたつの言葉がわかる叔父さんにとっては同じ内容を二度聞かされているわけだ。下手な訳云々というより、そんなん適当に訳しといたらええやないか、という雰囲気だ。

私は被告人である甥っ子の耳に向かって韓国語を発していたわけだが、自分をこんな目に合わせた甥っ子のために通訳がついている、ということへの理解を、怒りに満ちた今の叔父さんに期待するのは難しかったかもしれない。

法廷ではちょうど、証人と被告人と通訳人の座った位置が、私を頂点にして小さな二等辺三角形をつくっていた。つまり叔父さんと甥っ子と私である。甥っ子の被告人は借りてきた猫のように小さく肩をまるめている。

被告人は日本語が話せますか、という問いに、

「いっつも韓国語で話してました」

と、叔父さんは答えた。それを通訳した瞬間、この二等辺三角形が、ぐにゃりとよじれた気がした。叔父さんの白い眼帯が冷ややかに光を放つ。


そのうち、質問している検察官に対して叔父さんが声を荒げ始めた。もともと低めの太い声だったが、力をいれるとそれがかすれてがらがら声になる。

検察官は被害者である叔父さん寄りの質問をしているはずなのに、叔父さんは質問の意味がわからないのだろうか。それとも内容がややこしい日本語は理解できないのだろうか。

(叔父さん、「被告人」って誰のことか、わかっていますか。「被告人」って、あなたのことではなくて、後ろに座っている甥っ子さんのことです。それとも何か癇に障ることでも聞かれましたか)

そばから直接尋ねたい気持ちを我慢する。

そしてとうとう叔父さんは、検察官の質問をさえぎって法廷中にがらがら声を張り上げた。

「だから、ずっと、言ってるだろ。なんかい、おんなじこと言わすんだ！」

同じことを繰り返し答えてきた――確かに事件発生後から警察や検察でずっと同じようなことを叔父さんは質問されている。

あなたの身上経歴は？

あなたと加害者の関係は？

加害者はどうして日本に来て、何をしていたのか？

加害者に切りつけられる動機に思い当たることは？

怪我をした後の生活は？　気持ちは？

そしてそれは文字になり調書になっている。

ただ、被告人がやっていないと言っている以上、それらの調書は弁護側が不同意にすれば公判では証拠として使えない。すると叔父さんに法廷へ来てもらい証人として直接裁判官の前で話してもらうしかないのだ。

しかし叔父さんにすれば、それはあくまでも〈裁判所の理屈〉に過ぎない。どうして被害者である自分が裁判所まで呼ばれて「なんかい、おんなじこと言わ」されなければならないのか。

しかし私は裁判官が止めない以上、叔父さんが怒る言葉も韓国語に通訳しなければならない。ところが何を言っているのか、よくわからない。よくよく聞くと日本語があやしくなっている。そこへ差し込むように韓国語が混ざっている。もうぐちゃぐちゃな、チャンポン状態だ。不意に叔父さんの脇から、作業服の埃と汗が混じった臭いがツンとした気がした。

(待って!)

……席に座ったまま一人慌てた。

(通訳がはいります。叔父さんは、日本語で答えてください。最初は質問、それからあなたの答えがあって、それから韓国語にします。一語一語、全部、きっちり、訳さなければならないのです)

そしてすがるように前方を見つめた。何をどうしてほしいのか具体的に言葉にすることもできず、ただ必死になって目で訴えた。

(裁判官、なんとかしてください。私はもう、ひろえません、ついていけません)

あの、たぬきのような書記官の席の一段上に、三人の裁判官が困惑した表情で座っている。裁判官は、オーケストラの指揮者のようなもので、文字どおり公判では、訴訟指揮権[4]、などという大きなチカラをもっている人たちだ。真ん中に座っている裁判長は妙に飄々とした人で、「ソウさんがそういったんですか。ああ、そうですか」なんてことを、前回の公判では真面目な顔をして言っていた。

[4] 裁判所で通訳を始めた頃、同じ罪状の審理でも裁判官によって語句の表現が違ったり通訳人の使い方にもそれぞれ個性があって面食らったことがあった。同じ裁判官どうし横の繋がりを持ってそれらを統一してくれたらよいのに、と単純に考えていたが、それは大きなま

ちがいだと後にわかった。

裁判官には訴訟指揮というものがある。裁判官が「マイコートですから」と言うのを耳にしたことがあるが、それは「私の法廷」という意味で、裁判官は各々独立しており大きな裁量と権限を与えられていることを表すらしい。語句の表現や通訳人の使い方も裁判官それぞれのやり方があってしかるべきで、法廷通訳人は法廷で裁判官それぞれの「訴訟指揮」に対応できるような柔軟さが求められることになる。


その裁判長が、困ったように口をひらいた。

「あのですね。いいですか。質問をよく聞いてください。順番ですから、答える時に、日本語で、答えてください。それから質問には、はい、か、いいえ、で、簡単に答えて……」

裁判長の言葉が最後まで終わらぬうちに、叔父さんはどなった。

「もう、いつまでも、いいかげんにしてくれ！」

裁判長に声を張り上げる証人を、なんとかなだめようと検察官が慌てている。

叔父さんの顔を見ると、額から汗が幾筋も流れている。白い眼帯にも汗は落ちていく。まだ初夏というには早い季節なのに綿の作業服が暑苦しく見えた。一枚脱いだらずいぶん楽だろうにと思ったがここで作業服を脱ぐはずもない。叔父さんにとって作業服は解体業という生業の拠り所で叔父さんの日常でもあるからだ。

ガシャン、ガラガラ、ガラガラ。

聞こえるはずのない、何か物が壊れる激しい音が聞こえるような気がする。一瞬、作業服姿の叔父さんが、脂汗をかきながらショベルカーを運転している姿が見えたような気がした。叔父さんは解体現場で、埃にまみれ、汗だくになり、叔父さんのやり方でずっと物を壊してきた。その日常、その姿が、荒れた法廷の中、大声を張り上げる叔父さんの姿と重なった。

どうしてこんなに怒っているのだろう。いったい何を壊し、何に向かってショベルを振り上げているのだろう。眼帯をしていないほうの細い目が、カッと見開かれている。叔父さんの声にならないどなり声が、ショベルの音に混じって聞こえてくるようだった。

（ここは、いったい、どこなんだ。はい、とか、いいえ、とか。にほんごで、とか、かんこくごで、とか。いったいそれが、なんなんだ。だれがそれを、きめたんだ）

法廷にはそれぞれの肩書きの人間が、各々の役割を担って定められた席に座っている。私も法廷通訳人として、きっちり、全部、訳すのだ、などという原則をひっさげ当然のように法廷の中に座っていた。

そこへ証人の叔父さんがやって来た。法、という囲いに守られた静寂を、叔父さんという〈闖入者〉が破ってしまった。叔父さんにとっては、自分が被害者であれ証人であれ、加害者であり被告人である甥っ子の叔父であれ、法廷は、「もう、いつまでも、いいかげんにしてくれ！」の場に過ぎなかった。

彼がたまたま激しやすいわからずやだった、と言ってしまえばそれまでだ。だが、〈闖入者〉の前に、原則は砂のようにあっけなく崩れてしまっていた。それまでとは違う法廷通訳の姿に出会えるはずだ、という確信は皮肉にもまちがってはいなかったわけだ。

何よりもこの叔父さんは法廷にはとても場違いで異質だった。誰にも属さず、誰の側にもつかず、誰の指示も聞かずに、まるで独立した自分という人格を必死になって守っているように見えた。そしてそんな異質な人の言葉を訳している自分もまた、同じように異質な存在に感じられた。

（ここは、いったい、どこなんだろう。わたしは、いったい、なにをしているのだろう）

岩のような証人の横で、私は完全に自分の立つべき場所と言葉を失っていた。ざるで水をすくうように、言葉はこぼれ落ちていく。わいてくる言葉たちは、波のようにどんどん押し寄せ、足もとをえぐり取ってゆく。

転んでたまるものか、と、混乱した頭の中で考えた。

叔父さんの大きなどなり声が、耳の奥のほうでいつまでも響いている。原則が破られようと、異質な存在であろうと、叔父さんが叔父さんであろうとしたように、私は私なのだ。

「とにかく、だ。こいつにやられたのはまちがいないんだ。警察とかで、ずっと何度も言ってきたんだから、それを確認してくれたらいいんだ」

弁護人の反対尋問もそこそこに、叔父さんは嗄れかけた声で結論付けるように証言を切り上げた。そして被告人席に座る甥っ子には一瞥もくれずに法廷から飛び出していった。

被告人は大人に叱られた子供のように身じろぎもせず、ずっとうなだれている。検察官はバツの悪さを大きなため息で隠した。裁判長は左右の若い裁判官たちと軽く頷きながら法廷を後にした。

その後の公判で被告人の精神鑑定[5]も認められたが、判決では責任能力が認められて殺意もあったと認定された。もちろん叔父さんを怪我させたことも合わせ被告人には長い実刑判決がくだされた。

5　精神鑑定とは、裁判所の依託を受けた精神科医が被告人の事件当時の精神状態を診断して責任能力の有無などを鑑定すること。

甥っ子が服役しているあいだも、叔父さんはどこかの解体現場でショベルカーを運転しているのだろう。作業服姿の叔父さんは、今でも私の頭の中で止まらぬ汗を流し続ける。

アナタ、モウ、イイ

白い装いの女性が証言台に立っている。

ノースリーブの白いブラウスに、同じ木綿素材の白いパンツ。ぴったり体に合っているせいか手足の長い女性の体の線がくっきりする。ブラウスから伸びたその腕も目を引くほど白い。豊かなヒップがゆれるたびに、パンツに下着のラインが浮き上がる。

日本国籍に帰化した三十代の中国人の彼女は、被告人になった韓国人の夫の情状証人[1]として今この法廷にいる。夫は恰幅のよい、けれども白髪がかなり目立つ人で、二人で歩いていたら親子にまちがえられることもありそうな夫婦だった。それぞれ中国と韓国から日本にやって来て知り合い、所帯をもった。夫は違法な風俗営業で捕まって裁判にかけられていた。

[1] 情状証人とは、裁判所が量刑を決める時に考慮してほしい事情を伝えるために公判で証

言する証人のこと。たとえば、検察側であれば被害者やその家族が出廷して処罰感情を話してもらう。弁護側であれば被告人の家族や上司など知人が出廷して被告人に有利な事情を話してもらう。

事案によっては、身近な関係者である場合が多いため、証人が感情的になって興奮したり泣いたり言葉がつまってしまうこともあり、こちらも通訳しながら涙ぐみそうになることもある。

今日は裁判官に向かって証言台の右横に通訳人席があった。証人が証言台に立つあいだ、被告人は真後ろの席に移る。

「証人の言葉を……そうですね、証人は日本語で話すので、それを被告人に韓国語で通訳してください。場所は……被告人の横に座って通訳してもらえますか」

裁判官の指示に従って男性の真横に座ると、証言台がすぐ目の前にある。

そこに立った彼女の後ろ姿をながめていると化粧の匂いがかすかに鼻についた。柔らかい匂いは香水ではなさそうな気がした。

被告人は、日本語の簡単な聞き取りぐらいならOK、でも会話はほとんどダメだと担当弁護人から事前に聞いていた。来日して何年も経つのに覚えたのはアリガト、ゴメンナサイ、ソウデス、ダメデス、イクラデスカ、のような生活に必要な最少限の単語だけ。あとは日本語ができる妻や周囲の韓国人の手を借りて生活してきたらしい。

この被告人と会うのは今日の公判が初めてだった。通訳しながら人定質問のやりとりをする様子を見ていると、やはり日本語はほとんどわからないようだった。

それに比べ、情状証人になった妻は日本語を自在に使っている。本来なら中国語の通訳人がいてもおかしくない場面だったが、あらかじめ弁護人から裁判所に証人は日本語ＯＫですと伝えてあったらしく、中国語の通訳人なしのまま日本語で尋問が行われていた。私はそれらのやりとりを被告人に韓国語で伝えていくのだ。

弁護人が、夫である被告人の人となり、二人の出会いや生活、そしてどうして今回の裁判を受けることになったのか、など、有利になる話を引き出そうと質問を重ねる。

あれも、これも、言いたい……。気が急くほど、焦れば焦るほど、彼女の話はスピードが増す。弁護人が何度もストップをかけて話が脱線しないようにする。それを私は被告人の傍らで通訳していく。

通訳しながら、私は頭の隅でまったく違うことを考えていた。

この二人は日本でどうやって知り合ったのだろう。

日本語でどんなふうに気持ちを伝え合っていたのだろう。

本当に言いたいこととか伝えたいことを、日本語でどこまで表現できたのだろう。

二人にとってコミュニケーションの手段は唯一、日本語だった。男性も女性もそれぞれ相手の国の言葉は知らないという。男性は女性の中国語を知らないし、女性は男性の韓国語がまったくわからない。お互い一番自由な言葉はしまい込んだまま、〈日本語という外国語〉で生活を共にしてきたのだ。

「日本で知り合ったのは八年前です。お互いに、すぐに好きになりました。それから一緒に暮らし始めて、六年前に夫婦になりました」

出会ったのがつい昨日のことのように彼女は話す。

(新婚さんというわけではないのだな……)

二人の距離は一メートルも離れていなかったが、それにしては付き合い初めて間がない男女のような熱っぽい空気が漂っていて、意外な気がした。

今日はどうも体が重い。いつものペースより疲労が深い。昨夜は早く寝たし体調も悪くない。化粧の匂いのせいだろうか。いや、そんなはずはない。

証人の日本語の発音が上がったり下がったり、跳ねたりすべったりしている。理由はそれしか思い当たらない。耳慣れないイントネーションの日本語が機関銃のように続く。それを韓国語におきかえていく。通訳しながらまるでジェットコースターに乗っているようだった。

彼女の母語は音の高低のはっきりした中国語だ。ひらべったい日本語も、彼女が話すとまるで中国語のような日本語になる。法廷の中で音が飛び跳ね、声質までが緊張感と混ざり合い、とがって聞こえる。

中国人が話す日本語は、普段よく聞く韓国人が話す日本語と、こんなにも違っていたのか。いや、両者に違いはあって当然で、疲れの原因は単に耳慣れているか否かの違いかもしれない。自分の中にすり込まれた音とそうでない音への感じ方の差なのだろうか。

急に、横で被告人が肩を震わせ始めた。

泣いている。

温厚そうに見える男性は、韓国で一流と呼ばれる大学を卒業した後に韓国社会の一線で働いていた経歴を持つ。そのことは、冒頭陳述[2]の身上経歴の部分に履歴書のように記されていた。

2　時々、検察官が読み上げる冒頭陳述の身上経歴を聞きながら、傍聴席にいる被告人の家族や親戚、友人らしき人が、(へえ、そうだったんだ……)と、意外そうな表情を浮かべる光景に出遭うことがある。中には(聞いていた話と違う……)と、驚きのあまり表情が固まる気配を感じることもある。いくら親しい間柄でも知られたくないことは当然あるだろうに、と、被告人が気の毒にもなる。裁かれる人は過去にさかのぼってもプライバシーはないということなのだろうか。

何年にどこで生まれた、そして、学歴、職歴、婚姻歴、など……。経歴だけ聞いていると、目の前にいるこの男性が異国に来て風俗営業をしていたということがどうしても結びつかない。

韓国での詳しい自分の過去を、どこまで妻になった女性に伝えていたか知りようもない。さきほど彼女は検察官が冒頭陳述を読み上げるあいだ、ずっと神妙な面持ちで耳を傾けていた。

夫は今は〈ヒコクニン〉と呼ばれている。

彼にとってはほとんど意味の通じない、聞き取れない、妻の日本語の前でうなだれ、涙を流している。

すると、唐突に彼女が嗚咽をもらし始めた。背中で夫が泣く気配を感じたのか。しかし彼女は裁判官の方を向いたまま姿勢を崩さない。後ろの夫を振り向こうともしない。

すぐ目の前の、ノースリーブのブラウスから伸びた彼女の白い腕に目がいった。

ほんのり赤みが差している。

その嗚咽が続くほどに、まるで消えていたあざが浮かびあがるかのように赤みがまだら模様にきつくなってきた。興奮したりすると肌に出てくる模様のようなものかもしれない。服に隠れた体に、その赤みが広がっていく様が透けて見えるようだった。

なぜか二人の絡みつく肢体が目に浮かぶ。

見てはいけないものを見てしまったような気がしてどぎまぎした。男性の両隣に座っている職員をこっそり窺うと、うとうと居眠りをしていた。

「…………」

ぼそっと、被告人の口からかすかな声が漏れた。何か言ったのだろうか。法廷では出た言葉すべて通訳することが求められる。それがどんな内容であれ日本語に換えなければならない。何を言ったのか確かめようと耳を傾けたが彼はもう口を締めている。

アナタ？

なんとなく、アナタ、と言った気がしたがはっきりしない。モウ、イイ、とも聞こえたようだがあやふやだ。

裁判官に、

「被告人が何か言っています」

と伝えるにはあまりにも頼りなげな声だった。どうするべきか。彼は何か言ったのか。一瞬の迷いは、とりわけ大きくなった彼女の嗚咽にかき消されてしまう。

彼はもうそれ以上何も言わない。きっちり唇を閉ざしたまま腰をかがめ膝に顔をうずめた。気がつくと彼女の嗚咽が止まっている。すぐ真隣りにいた私に聞こえなかった彼の声が、彼女には届いたのか。ずっと二人のやりかたで互いの心の襞を感じてきたように、彼のかすれた日本語が彼女に届いたというのか。

目の前の赤いまだら模様がすうっと潮が引くように消え、二の腕がひときわ白く見える。

アナタ、モウ、イイ……。彼女はくぐもった彼の言葉を、確かにその耳で聞き取った。

(もうそれ以上、泣かなくていい)

(もうそれ以上、わたしのために、そんなに必死に話さなくていい)

(もうそれ以上……)

……ズズッ。

彼女が思いきり鼻をすすった。そして深呼吸したあとぐっと前を見すえる。さきほどまで嗚咽し体を赤く染めていた人は、もうそこにいない。彼女はすっかり白い装いに戻ってしまって、まっすぐ姿勢を正した。

何事も無かったかのように尋問は続き、再び彼女の日本語が法廷で跳ねまわり始める。

「これから、もう悪いことはしないで、夫と、まじめに暮らします」

台詞のように彼女が日本語で証言し、私はそれを韓国語で彼に通訳する。

この法廷で二人を縛った日本語も、二人を繋いだ日本語も、日本に来て覚えた、二人だけが持つ日本語だった。

父と子の母語

その日の被告人は、二十歳をすぎたばかりの青年だった。

喧嘩で相手に怪我をさせ裁かれようとしている彼は、まだニキビの跡が残る頬を赤らめがっちりした体つきで肩をいからせている。大柄な職員にはさまれて、公判が始まるのを落ち着かない様子で待っていた。

単独法廷[1]の傍聴席には両親と思われる人が二人だけ座っている。他に誰もいない、静かな夕方に近い法廷だった。

[1] 裁判には一人の裁判官が審理を行う単独事件と、三人の裁判官で審理を行う合議事件がある。出入国管理及び難民認定法違反（いわゆるオーバーステイ）や商標法違反、傷害などは単独事件、その他、殺人など重い刑罰が定められている場合は合議事件になり、裁判員裁判の対象にもなり得る。

審理スケジュールの関係で、合議法廷や大法廷で単独事件を審理することもある。執行猶予の判決を予想しながら初公判に臨むオーバーステイの被告人が、入廷するなり法廷の広さにびっくりして、周りを見まわしながら（重い刑がくだされるのではないか）と急に表情がひきつったことが印象深く記憶にある。

母親が弁護人と短い会話を交わしている。耳に届く小声を聞くとかなりなめらかな日本語だ。生活するために、がむしゃらに異言語の世界に飛び込んで身につけた言葉なのだろう。タオル地のハンカチで涙を拭いてはいたが、その姿には、自分の思いを絶対に相手にわかってもらおうとする強い意志が感じられた。

一方、初老の父親はじっと前方を見すえたまま二人の会話を微動だにせず聞いている。いや、果たして聞いているのか。視線の先には被告人席に身を埋めた息子が、いた。

書記官席の隣に座った私の背中の方から乾いた足音が近づく。法廷の裏側には職員専用の通路があって、そこを通って裁判官がやって来る。法壇につながった扉が開いた。皆、一斉に起立する。

「開廷します」

裁判官が告げる。被告人の手錠が外され、腰紐が解かれた。被告人の頬が赤みを帯びた。証言台の前に出て人定質問を受ける。

「名前を何といいますか」

いつものとおり通訳しようとしたら、被告人はそのまま日本語でやりとりを始めた。今日の被告人はかなり日本語ができるようだと、裁判所から事前に聞いていたが、それはまちがいなかった。生年月日は、国籍は、住居は……。質問に答える彼の日本語は、日本で生まれ育った人とまったく変わりない。

「被告人は日本語がずいぶんわかるようですね。それでは通訳は入れずに進めますから、もしわからない所があれば手を挙げるなりして通訳してもらってください。ただし手続き上、必要な所は通訳が入りますから、その場合は聞いていてください」

裁判官が伝えると被告人は頷きながら、ちらっと伏し目がちに私の顔を見た。

決まり事のような手続きが進んで証人尋問に入った。弁護側が申請した情状証人として被告人の父親が証言することになっている。

父親が証言台の前に立った。宣誓書の朗読。父親は薄い紙を両手で持ってじっと動かない。

「証人、日本語は読めませんか?」

裁判官が確認する。通訳する。

「ネー」

はい、と、まったく気にする素振りもみせず、低い声で父親は答える。裁判官の指示で書記官が証人の横で宣誓書を代わりに朗読する。それを通訳する。証言台のすぐ真横に座った被告人は、父親の姿を視界から消してしまいたいかのように背中を思いきり丸め、自分の足を乗せたゴムのサンダルの先のほうをじっと見つめていた。

通訳を始めた。すぐに、父親は日本にいながら韓国語だけを使って生活してきたことがわかる。日本語は、聞くのも話すのも、かなり困難な様子だ。

弁護人は被告人のよい所を聞きだそうと質問を重ねていく。

「どのような息子さんですか」

「ずっと親が仕事で忙しくて、あまりかまってやれませんでした」

「証人は、何の仕事をなさってきましたか」

いま弁護人が呼びかける「証人」というのは父親本人のことだ。普段裁判とは縁のない人が証言台に立つと、人によってはそれだけでも卒倒しそうな緊張感を覚えるという。今日の「証人」である父親はずいぶん落ち着いている。事前に弁護人と充分に打ち合わせをしていたのかもしれない。

「韓国料理の小さな食堂を妻がやって、私は掃除をしたり荷物を運んだり……裏方の仕事です」

「証人はいつ頃韓国から日本にいらしたのですか」

「もう……息子が小さい時に来たので……ずいぶん昔のことになります」

父親は遠い目をしながら「昔のこと」を思い出そうとした。

「日本での生活はいかがでしたか」

「はい、息子に充分なことはしてやれませんでしたが、なんとか今日まで……」

「息子さんは、かまってもらえないとか、何かもっとして欲しいとか、不満を言うことはありましたか」

「いいえ、そんなことは一切ありませんでした」

「そうですか。……証人からみて、息子さんはどのような性格ですか」

「はい、とてもまじめで、……思いやりのある息子です」

まじめで、思いやりのある、の韓国語を、父親は強調した。息子さん、と呼ばれる被告人に目をやると、顔をいっそう深く伏せている。

「ところで失礼ですが、証人は普段、家では何語で話すのですか」

「……韓国語です……日本語が、なかなか覚えられなくて……」

「息子さんは、韓国語はできるのですか」

「いいえ……。息子はずっと日本の学校に通っていたので……できません」

「それでは、証人と息子さんとはどうやって会話をなさっていたのですか」

「……なんとなく通じるというか……。それに妻が、日本語が上手なので……」

「それでは、家では、お父さんとお母さんは韓国語で話して、息子さんとお母さんは日本語で話していた、ということなんですね」

「……はい」

親子だからなんとなく通じる、というニュアンスはわからないでもないが、法廷での息子の態度を見ていると、言葉以前の問題で父親と息子の会話が途絶えて久しい気もしてくる。

「今回のことを、お父さんはどのように思っていますか」

「本当に……被害者の方にはすまないことをしました」

父親は深いため息をつきながら、まるで目の前に被害者がいるように腰を折り頭を下げる。

「息子さんは高校卒業後働いていますが、仕事は今どうなっていますか」

「はい……。今回のことで……ちょっと難しくなるかもしれません」

喧嘩ということは被告人にも言い分があるかもしれないが、相手に怪我をさせて傷害罪で起訴され裁判になった。被告人は起訴内容を認めていたし、初犯で怪我の程度は全治三週間ということだったので執行猶予の予測はついた。しかしそれでも有罪判決は免れない。仕事にまったく影響がないとは言い切れなかったのだろう。

「これからは、お父さんが息子さんをしっかり監督していくと約束していただけますか」

「はい」

「よく話し合って、息子さんの相談にものってもらえますか」

「はい」

「質問は以上です」

弁護士の質問が終わり、検察官や裁判官からの質問はなかったので父親は傍聴席に戻っていった。何に釈然としないのか息子はずっと腹立たしげにうつむいたままで、まだ反抗期のただ中にいるような幼さすら漂わせている。証言台に立った父親に一度も目をやることはなかった。母親は傍聴席でずっとハンケチを握りしめたままだ。

被告人質問になった。今度は通訳なしで日本語でのやりとりが続く。弁護人が情状面で質問した。

「今ね、こうして、証言台に立ってくれたお父さんに対しては、どう思っていますか」

少し考えてから被告人が答えた。

「これからは韓国語も勉強して、お父さんともちゃんと話せるようにしたいです」

意外にも真面目な答えが返ってきて驚く。それが本心なのか、裁判向けのポーズなのか即座に判断できない。傍聴席に戻った父親には、今の息子の日本語が届いただろうか。うっすらとでも理解できればと思うが、もし理解できていなければ、こんな時こそ通訳が必要だと思った。刑事事件の法廷通訳人として傍聴席にいる人へ通訳したことは過去になかった。

一方で、証言台に立った父親の言葉が息子へどのように届いていたのか気になってくる。通訳した私の日本語を通じて父親の気持ちを聞いていたのか、それとも父親の韓国語を直に理解できていたのか。

家庭の中にふたつ、もしくはそれ以上の言語が混在すれば、子供はそれらを理解できて使いこなせるチャンスが与えられるだろう。反面、それぞれの言語がボタンの掛け違いのようになってしまえば、逆にそれらは話者間の壁になって深刻な葛藤の原因になるかもしれない。神妙な顔つきであっさり前向きな答えを返す被告人に、祈るような思いと拍子抜けした気持ちが交差した。

結審して被告人は再び手錠と腰縄をつけられた。次の公判で判決が下りる。

裁判官が法廷から出て行ったあと、職員が被告人を連れて出ようとした。その時、ずっと被告人に目を注いでいた父親が、ふっと腰を浮かしてバーの前に立った。バーとは法廷の中で傍聴席と法壇側を分ける仕切りのことだ。腰ほどの高さの柵のようなもので、左右にふたつある入口から出入りは簡単にできるが、関係者以外がバーの中に入ることは許されていない。

そして父親が小さな声で息子に声をかけた。

「ヒムネラ（がんばれよ）」

咄嗟に、

「テッソ！」

という被告人のつぶやきが刃物のような目線と共に父親へ跳ね返る。

テッソ……？

耳を疑いたかったが、まちがいなくそう聞こえた。確かに被告人が、そう言った。

尖った言葉の先が胸の中をえぐる。テッソ、とは場面とイントネーションによって肯定にも否定にもとれる韓国語だ。吐き捨てるような彼のテッソは、「ほっとけ！」とか、「いらんわ！」に訳せた。

心配をかけた上に情状証人に立ってくれた父親を一瞬に拒絶した息子のひと言だった。聞いてはいけない親子の生の会話を耳にしてしまったようで思わず顔を伏せる。

「息子はずっと日本の学校に通っていた」ので、父親も、息子は韓国語は「できません」と言っていた。また息子自身「これからは韓国語も勉強して」、父親とコミュニケーションをはかりたいと言っていたことからも、韓国語ができないという自覚はあったはずだ。

しかし一方で、「家では、お父さんとお母さんは韓国語で話して」いた環境が存在していた。両親が話す韓国語は、ずっと生活の〈音〉として幼い時から家の中にあふれていた。テッソもきっとそんな〈音〉のひとつだったのだろう。

はじかれるように口から飛び出た、彼の中に潜んだその〈音〉。突然の出来事に私はすっかり気圧されていた。

日本で生活しながら韓国語だけを使い韓国語だけに寄りかかってきた父親を、息子は長年どのように受け止めてきたのか。家族にしかわからない事情は当然あるはずだったが、法廷で見る限り、成長した息子は父親に反抗し無視する姿勢を貫いていた。

しかし彼の中には、両親の韓国語の〈音〉がまちがいなく根付いていた。抗うことのできないその存在を、本人はどのぐらい自覚していたのか。

テッソは意志をもって法廷のど真ん中に姿を現した。そして父親だけでなく、通訳の席に座る私にまで、どうだ、訳せるか、訳してみろよ、と挑んできた。

被告人がどのぐらい韓国語を使えるのか、テッソのひと言だけでは知りようもない。家族のあいだで、テッソという単語がどんな時にどんなふうに行き交っていたのか想像すらできない。

確かなことは、テッソが彼の体にあったこと、そして、咄嗟の瞬間に父親にテッソと応えたことだけだった。

父親から顔をそむけ、傍聴席にいる母親を見ることもなく法廷から出て行く被告人。立ちつくし、息子が消えていった出口に向かって両親は石のように動かない。

裁判所の法廷には窓がない。一度入ると、外の天気や日の陰り方などまったくわからないまま時間が過ぎていく。

さまざまな立ち入った事情に接することも多い法廷通訳人は、仕事が終われば少しでも早く黙って姿を消した方がいい。机の上に散らばった書類や筆記用具などをカバンに押し込んでバーの外に出た。そしてまだ呆然と傍聴席に座ったままの両親に向かって軽く一礼した。

母親は弁護人から何か説明を受けていてこちらに気付かない。今日の裁判の詳しい説明かもしれないし、次回の判決の見通しかもしれない。あいかわらずハンカチで涙を拭っている。動く私の姿に気付いた父親が、席から立ち上がって丁寧にお辞儀してきた。私も黙ってお辞儀した。判決の日にもし二人が裁判所に来ていれば、もう一度顔を合わすことになる。法廷の扉を開けたら、長い廊下がずっと向こうの端までオレンジ色に染まっている。四角い裁判所の窓から外を見ると、燃えるような太陽が西の空にあった。

拘束されている被告人はその廊下を歩かない。裁判官が法廷に出入りする時の廊下と同じ職員専用の通路を通って、地下にある仮監室[2]と呼ばれる裁判所の出廷留置場へ戻される。

[2] 保釈されていない場合、被告人は拘置所からバスなどに乗せられて裁判所にやって来ることが多い。審理が始まるまで被告人は裁判所の地下にある仮監室で待機し、そこに詰める拘置所職員に連れられ公判廷にやって来る。腰縄や手錠の取り扱いも拘置所職員の仕事だ。公判廷では必ず一時間ずつの交代がきまりになっているようで、審理の途中でもすっと入ってきて交代していく。時計を見ることも忘れて皆が審理に没頭することがあるが、その交代の様子を見ながら、(ああ、もう一時間経ったのだな)と我に返り、(私も休ませてもらおう)と便乗するように休憩を求めることもあったりする。

天井の低い入り組んだ迷路のような通路に太陽の陽は届かない。静寂に満ちた廊下で、彼が歩く音は壁に吸収される。

もどかしさの衣

年の瀬が迫った、雨と風のきつい夜だった。

初公判ぎりぎりになって弁護人から接見同行の連絡をもらったが、互いに時間が合わず前日の夜になってしまった。公判はもう明日に迫っている。拘置所での弁護士接見は平日午後四時に受付が終わるのだが、公判期日が迫っている等の場合は特別に夜接見できるのだという。

大阪拘置所は大阪市営地下鉄谷町線の都島駅から私の足で十五分ぐらいの所にある。桜の咲く季節は大川沿いの桜並木が美しいが、そこを通ろうとすると少し遠回りになる。都島駅から拘置所のあいだにはいつのまにか大きなマンション群ができていて、そこを横切るように通るとわずかだが近道になるような気がした。

しかし今夜は体がだるい。一日中いろいろな仕事が立て込んで疲れていたし、おなかもすいていた。傘が風を受けて裏返しにならないよう斜めに支え持ってそこへ頭を突っ込む。

寒い。

約束の時間に拘置所の門の前で待っていたら、職員の人が待合所の鍵をあけて電気をつけてくれた。これで雨がしのげる。


「来日二十年以上なんです。だから日本語もかなりできる女性です」

弁護人はすこし当惑気味に電話で話していた。

取り調べも通訳なし、公判も通訳なしで進んでいた。が、興奮して大きな声になったりすると、日本語がどうしても聞き取れなくなる。だから通訳をつけてもう一度公判を最初からやり直すのだと、裁判所から法廷通訳の依頼があった時に私も書記官から同じ話を聞いていた。

起訴状を見ると、罪名が威力業務妨害になっている。女性がやっていた洋装店の家賃のことで家主とトラブルになり、立ち退きの手続きをめぐって刑事告訴され起訴されていた。年は七十歳を過ぎている。

(なんだか大変そうだなあ)

途中まで進んでいるのにもう一度最初からなんて、よっぽどのことなんだろうかとも思う。

「通訳なんか、いらんと言っているのですわ……」

拘置所の門の前で挨拶を交わした弁護人は、ほとほと困ったという口ぶりでつぶやいた。詳しい事情はわからなかったが、二十年以上も日本で生活していたなら、いらんと言いたい気持ちもわからなくはない。

「そうですか……」と答えるしかなかった。法廷通訳人が予断で不要なことを言うことは、公判前日だけにより慎重にならなければならない。

こんなに遅い時間に拘置所に来るのは初めてのことだ。暗い廊下がひんやりしている。壁がすっかり冷たくなった接見室で待っていると彼女がやって来た。

大きな包み……ノートやら本やらをひとかかえ脇に抱えて。長い髪の毛が豊かに肩へ垂れていた。女の妖しさが全身から漂っていて、七十歳を過ぎている年齢にはとても見えない。きれいな人だと思った。そしてなかなか手ごわいと感じた。

それから一時間近くが過ぎた。

拘置所の門を出ながら、どんよりした徒労感は拘置所に入る前の何倍にも膨らんでいる。接見室に入るやいなや浴びせられた怒りの洗礼パンチは想像以上だった。

「だれ、この人？　通訳なんか、いらんっていったでしょう!?」

「わたしね、いまさら韓国語で話せって言われたって、無理なのよ」

「通訳なんか。なんで？　おかしいでしょう」

そう言いながら、一方的に話は広がって裁判への怒りをぶつけ始めた。もちろんすべて、ほとんどひっかかりのない日本語でだ。弁護人が、

「せっかくだから何か韓国語で話してください」

と言うのでこちらから少し韓国語で話しかけてみたら、即座に日本語で問いただしてくる。

「あなた、何人《なにじん》？　韓国人でしょう⁉」

どう答えたらよいものかと一瞬迷う。個人的な質問に答える必要もなかったが、せっかくここまで来たのだから韓国語のやりとりのきっかけになればとも思う。弁護人も彼女が話した日本語は理解できていたはずで、その問いに私が韓国語で答えても、あえてさえぎらないと感じた。

しかし、彼女のいう韓国人の中に私のような在日韓国人は含まれるのだろうか。在日ですと答えた方がわかりやすいだろうか……。

答えを返せず逡巡する法廷通訳人を彼女は日本語でぶった切った。

「わたし、日本語しか、しゃべれない！」

その後は、初めから通訳などそこに存在しないかのように私を無視し、弁護人とのやりとりだけに没頭していった。そして接見が終わって接見室を出る時、あら、あなた、そこに、いたの、と思い出したかのように、

「もう絶対来ないでね」

「通訳、いらないからね」

と懇願するように投げてきた言葉にも、鋭いとげがたくさん刺さっていた。

拘置所の外は夜の闇がずいぶん濃くなっている。門の前で弁護人と別れ都島の駅に向かって歩きながら、彼女のまなざし、ことば、を思い返していた。

（もう来ないでね、って言われても、勝手に行かないわけにもいかないし……）

法廷で、彼女は日本語でしか話さないし話せないだろう。そんな彼女に、私は法廷通訳人として何をすればよいのだろう。ただ座っているだけでよいのか。もし法廷でフォローできることがあるとすれば、彼女の日本語だけのような気がする。私が通訳するのは彼女の日本語、つまり彼女の日本語のチェックになりそうだったが、果たしてそれをすることで余計に法廷が荒れることにならないか。

雨は止んだようだが風がまだ強い。

おなかがぺこぺこだった。


翌日の公判。

法廷に入り出頭カードに記入する。

法廷通訳人は「命令」とか「出頭」とかの書類を介して裁判所へ来る。あくまでも法律上の解釈なのだろうが、人によっては、なぜ命令なんだ、どうして出頭なんだ、けしからん、と感じることも少なくないらしく、それが癪にさわって法廷通訳はやめた、という人がかつていたと聞いたことがある。

(あ、しまった)

出頭カードの住所欄に、職業を書いてしまった。慌てる。訂正印をおして訂正した。

(今日は、私、ずいぶん緊張している……)

普段やったことのないまちがいだった。公判でこんなことがあっては大変なことになる。

彼女が法廷に入って来た。証言台の横の机に座った私を見るなり、怒気をはらんだ彼女の声は大きく、もちろん日本語でこう言った。

「だから、言ったでしょう。昨日いらないって言ったでしょう。もういいです。いらないです。通訳いらない！」

私語はできない。してもいけない。目を合わせれば彼女の怒りがいっそうストレートに私に届きそうだったので、昨夜の彼女と同じように私も彼女を見ないようにする。

今日はあえて通訳人の席を証言台の横にしてほしいと裁判所に希望してあった。それは、書記官席の横に座れば私の姿が彼女の視野に入ってしまって、怒りの火に油を注ぐことにならないかという弱気な判断がひとつ。

それから、たとえ彼女がずっと日本語だけで話したとしても、どなったとしても、騒いだとしても、万が一単語ひとつでも私がサポートする瞬間があるとすれば、真横で彼女の息づかいを感じた方がよいと思ったからだ。

「信じられない、信じられない！」

抗議の言葉は途切れなく続く。

予想されていたことだ。彼女の横で石になる。弁護人が、あとから審理でちゃんとこちらの主張は伝えますからと何度もなだめている。

裁判官が入廷して、開廷。

証言台に立って宣誓書を読む私の横で、ふっと鼻で笑う声が聞こえる。

起訴状朗読。韓国語で通訳。彼女は両耳をふさいで抵抗した。


母語でない言葉で話す時は、ぴったりくる表現が見つからなかったり、伝えたいことが思い通りに口から出なかったり、と、もどかしさが伴う。辞書をひけば時間的にズレが生まれるし、探しあてた言葉も自分が伝えたいニュアンスにどれだけ近いのか判断が難しいこともある。ボディランゲージとか、目と目で伝え合う、というやり方もあるだろうが、細かくデリケートなことはなかなかそれだけでは難しい。

ところが一方で、そのもどかしさが思わぬ助け船になる経験が私にはある。逃れられない現実やつらい事態に直面した時、母語でない言葉を使うことで、

「ぴったりの表現が見つからないから仕方ないのだ」

と、自分で理由を作ってその場をしのぐ。母語でない言葉で周りの状況を直視せずに自分を守るやり方は、無意識的な自己防衛本能のようなものかもしれない。

私自身、心理的に何か辛かったり苦しいことを抱えた場合は母語でない韓国語が楽なことがあったりもした。うまく言い表せないから、という大義名分で自分に逃げ道を与えるともいえようか。それは決して解決にはならないこと、そうやって目を逸らせば逸らすほど直視したくない現実はふくらんで迫り続けることを実はよくわかっていながら。

彼女ぐらいの日本語の力をもっている被告人は珍しくない。

過去にも通訳人など必要でないだろうと思われる被告人もたくさんいた。けれども皆程度の差こそあれ、一様に公判では通訳を受け入れ、韓国語を使い、向き合っていた。もちろんあきらめもあっただろうし、通訳のことで無駄にエネルギーを使いたくないと思う人もいただろうが。

しかし、ここまでかたくなに日本語にこだわり、韓国語を拒み、通訳を否定する被告人は初めてだった。通訳があいだに入ったら自分の気持ちをきちんと伝えられない、という切羽詰まった気持ちがあったのかもしれないが、それ以上に私には彼女が抱えた深い闇が透けて見えるような気がしていた。

「わたしは、国家資格も取っています。夫も日本人、子供も日本語しか話せません」

裁判官に涙を流しながら訴える彼女にとって、法廷で韓国語を聞くことは想像以上に厳しいことなのではないか。ましてや、自分自身が、韓国語を、話すなんて！　日本語にしがみつくことで、見なくてもすむ現実。しまっておきたい自分。それをひょっこり現れた法廷通訳人が、あれもこれも暴き出そうとしている！

結局その日法廷通訳人としての私の出番はまったくなく、次回からも法廷通訳人なしで審理を続行することに決まった。予想だにしなかった法廷通訳人の出現で、彼女も法廷でのふるまいに少し冷静さを取り戻したようだった。

裁判官が最後に伝えた。

「あなたの日本語の聞きとり能力がかなり高いことはわかっています。でもしゃべる時は興奮すると、どうしてもこちらが聞き取りにくくなる。だから通訳なんですよ。それにもし控訴審にいって、国語に通じない者だとされて一審に差し戻されたらもっと大変なことになるのですよ。だからあなたのための通訳なんですよ」

「はい。わたし、日本語のイントネーションが違いますから。わかりました。落ち着いて話すようにします」

ぴんと指を伸ばした手を額の近くにくっつけて、敬礼するしぐさをとりながら明快な日本語で答える。

彼女にとって日本語は、この地で生きていく上での鎧のようなものかもしれない。それは裏返して言うと、鎧を着ることで守らなければならない生身の彼女が存在するということに他ならない。彼女は日本語という鎧の上に、もう一枚、もどかしさという自分を守る衣もまとっている。そのことに気付いていて知らぬふりをしているかもしれないし、まったく気付いてないかもしれない。そんなことに関心がないことも充分あり得る。

閉廷し、職員に促され法廷から出ていく彼女の後ろ姿を見つめる。この人と会うことはもうないだろう。

立ち去りながら彼女がチラッと振り向いてこちらに目をやる。鎧の上にまとったもどかしさの衣擦れが微かに聞こえた、そんな気がした。

五〇二号法廷にて

昼休みが終わったあとのせいか、少し空気が緩んでいる気がする。

裁判所の廊下に制服姿の高校生があふれていた。お揃いのブレーザーにチェック柄のズボンとスカート。大阪府内のどこかの高校生らしい。裁判所でもらったパンフレットを手にしている。引率の先生らしい人も見える。これから私が通訳で入る公判を傍聴するらしい。社会科の授業か何かだろうか、事前に注意を受けているのか私語はない。

生徒たちに混じって廊下の空いた椅子に腰かけた。冬の初めで暖房は効いていたが足もとが冷えた。カバンの持ち手をぎゅっと握りしめる彼らの手が、狭い廊下の中ですぐ目の前にあった。

向こうから、生徒をかき分けるようにして被告人とその家族がやって来た。

保釈中の被告人はこの廊下から一緒に法廷に入ることになる。今日は判決の日だった。高校生の集団に驚きながら、自分の公判を傍聴すると察知したのか、「はずかしいねぇ」と耳慣れたアクセントのある日本語で、黒いセーターの老いた肩を彼女はすくめて見せた。

開廷時間ぎりぎりになって法廷が開く。扉から、皆、まるで水が吸い込まれるように中に入っていく。検察官と弁護人、そして被告人がバーの内側に入った。法廷通訳人の私も続けて入り書記官席の横に座った。

高校生で埋まった真向かいの傍聴席に目をやりながら思う。

K−POP、ドラマ、映画、それから食べ物や旅行……。韓国語は私たちの身近にあふれるようになってきて、人の行き来も増えている。

(この傍聴席の中にも、ひょっとしたら韓国語がわかる生徒がいるかもしれない。いや、たとえば親の片方とか両方、もしくは親戚が韓国から来た生徒はいないだろうか?)

もしそんな生徒がいたなら、これからの時間をいったいどのように理解するだろうか。

今日はいつもと違う緊張感を胸の奥に隠していた。

目の前にいる被告人は、保釈はされていたが執行猶予中に起訴され裁判を受けていた。罪名は前の裁判と同じ商標法違反、いわゆるコピー商品に関する事案だ。

ルイ・ヴィトンやシャネルなどブランド品の財布やカバン、ポーチ、装身具のコピー商品は、素人が見ただけでは区別が難しいほど精巧に作られている。空港の税関や郵便局で摘発されることもあるようだが、私が法廷通訳人として関わるのは、ほとんどが店舗などで販売したり所持したりして捕まったケースだ。店舗と言っても外見は雑貨店や洋服屋。違法だということはわかっているのか堂々と陳列することは少なく、コピー商品と割り切って買いに来る客の求めに応じて品物を出すらしい。

ブランド会社は自社のブランドへの信用を守るために常に監視の目を光らせている。ブランド会社から告訴されたり、警察の捜査で逮捕されて裁判になれば、初犯でたとえ懲役刑に執行猶予がついても罰金が科せられることがほとんどだ。それは決して少ない金額ではない。まったく割に合わない商売なのに目先の売上げに惹かれて手を染める人が絶えない。

大阪では韓国からやって来るポッタリさん[1]、いわゆる行商のような運び屋のおばさんたちが商品を簡単に卸していくシステムがあるらしい。ポッタリさんは決して自分の名前や身元を明かさない。

[1] ポッタリさんの語源は、韓国語でポタリ（보따리）、すなわち包み、くるみ、風呂敷包み。ポッタリ、ポッタリさん、ポッタリアジュンマなど、個人で食品や雑貨などを手荷物として韓国と日本を行き来して商売する人を表す。日本語で近い言葉を探すと行商人とか運び屋などの単語が思い浮かぶが若干ニュアンスが違う。原語をカタカナ表記にしたものが広く使われるのもそんな理由からか。

彼女は前の裁判の判決から半年後に、そのポッタリさんが持ってきたコピー商品を少しだけだったら大丈夫だろうと思って、再び自分の店で扱い始めたとのことだった。

二週間前にあった審理で裁判官がこう質問していた。

「前の裁判が終わってから、また同じことを始めてね、ご家族とか周りの人は止めなかったのですか」

それに対して彼女は、「ごめなさい」「すみません」と謝るばかり。周囲が見て見ぬふりをしていたのか、周囲の反対を押し切ってやっていたのか、それとも周囲に黙ってやっていたのか、その辺の事情がよくわからない。何よりも緊迫感がまったく感じられず、まるで他人事のような様子だったことが気になった。

今日の判決で再び執行猶予が出る可能性はほとんどないだろう。実刑が宣告されればそのまま収監の流れになる。つまり一度バーの内側に入った被告人は、判決後はバーの外側に戻ることができなくなるのだ。こんな時、国籍を問わずどんな強面の被告人のケースでも本人も含め法廷は一様に張り詰めた空気に包まれる。そんな光景を過去に何度か目にしていた。が、彼女は少し様子が違う。まず、身の回りのものをまとめたカバンや袋が見当たらない。

「はずかしいねぇ」

そんな言葉にもどこか楽観的な空気が漂っている。家族のやむを得ない事情で保釈されたことが心理的に影響しているのかもしれない。厳しい判決が出た後の彼女の反応が予測できなかった。

裁判官が入ってきて判決の朗読が始まった。

やはり実刑だ。

通訳する。被告人の表情を見る。わかっているのか、わかっていないのか。うんうん、と通訳を聞きながら頷くが、実刑判決の内容をどのぐらい理解しているのかまったく計りかねる。

「判決の内容はわかりましたか？」

裁判官が最後に確認する。通訳する。

はい、被告人はすまなさそうに腰を折って判決公判が終わった。そして、その場でもう一度深く一礼してから、バーの方に向かって、入って来たときと同じように出て行こうとした。

（やっぱり、わかっていない！）

待機していた検察事務官の女性職員が慌ててバーの中に入って来る。傍聴席が少しざわめいた。

「荷物はどこですか？」

怪訝な顔をした被告人に職員が尋ねる。そして、今日はこのまま収監されること、バーの外には出られないことを告げる。

「……そんなぁ！」

言葉を訳し終える前に、割れるような声が法廷に響いた。

バーの外に出ようとする被告人の体を職員たちが引き留める。現実を受け入れられずその場にへたり込んで泣き始める彼女のそばへ弁護人が近づき説明する。判決宣告の通訳が終わった時点で法廷通訳人の仕事も終わる、そう言えなくもなかったが、法廷に被告人がまだいる以上、唯一言葉の通じる法廷通訳人がすたすたバーの外に出て行くわけにはいかない。弁護人の話を通訳する。耳に入っていない。アンデョ（いやや）、あかん、チベカルコヤ（いえにかえる）、かえらなあかん、と、ふたつの言葉がぐちゃぐちゃに混ざる。その韓国語だけ拾って差し込むように日本語に置き換えていく。

いつまでたっても埒があかない。

数人がかりで被告人を抱え、バーの内側から法廷の外の通路へ移すことにした。黒いセーターの中から、ズボンにたくしこんでいた下着が大きくはみ出ている。乱れたその端を見つめながら、息を詰めた高校生の気配をバーの向こうに感じた。

傍聴席へ目をやると誰もが背筋を伸ばして身じろぎひとつしない。高校生の彼らは、今、この時間をいったいどのようにとらえているのか。

ふだん耳にするのと違う韓国語に驚くだろうか。興味を持つだろうか。

それともこんなの聞きたくない、見たくないと耳を覆いたくなるだろうか。

かわいそうに、なんとかしてあげられないのかと同情するだろうか。

いや、やっぱり韓国人なんてとんでもない、と嫌韓の気持ちに拍車がかかるだろうか。

ふと、とんでもない場面に立ち会っているような気がして変な汗が噴き出てくる。バーの向こうから注がれる高校生のまなざしは、怖いほど真剣でまっすぐだ。

両脇をかかえられて被告人が連れられて行く先、法壇の横にある出入り口から冷たい空気がすうっと入り込んでくる。

もう一度、彼女は体を大きくよじった。はみ出た下着の隙間から腹の肉がのぞく。家族をさがそうとする視線の先がバーの向こうに絡みついた時、水を打ったように静まりかえった傍聴席から小さな嗚咽がひとつ漏れた。

それが家族のものなのか、あるいは他の傍聴人のものだったのか。

振り返って確かめたかったが彼女の体はまだ法廷の中にある。まだ仕事は終わっていない。まだ集中力を解いてはいけない。

それにしても、なぜ被告人は今日収監されることをわかっていなかったのか。そして知らされていなかったのか。

あくまでも想像だが、弁護人も家族も、事前に伝えれば今日の裁判に被告人が出廷しない、と思っていたからではないか。もし本人が出なければ事態はもっとややこしくなる。だから断腸の思いで黙って連れてきたのではないか。

傍聴席の押し殺した声はまだ途切れない。高校生たちはまだ〈授業〉中だ。

被告人の姿が扉の向こうに見えなくなった。泣き叫びながら放った日本語と韓国語がねじれたまま、法廷の床の上に置き去られ乾いていく。傍聴席の後ろには、次の公判の関係者らしき人たちが立ったまま待機していた。

バーの向こうで、引率らしい先生に促されて高校生が一斉に席を立つ。移動の時間が来たらしい。みな表情は硬く暗い。

水が流れ出るように制服姿の彼らは廊下へ出ていく。

クロッスムニダ

「罪を認めますか？」

罪状認否の裁判官の問いかけを訳すと、若い男性被告人は青白い顔で、

「クロッスムニダ（그렇습니다）」

と消え入りそうな声で答えた。審理の予定は六十分だ。争いようのない事案で判決も今日中に出る予定だとあらかじめ裁判所から聞いている。

観光ビザで日本に来てホストをしていた彼はオーバーステイで起訴されていた。ホストというわりには体格も小さく、どうにも頼りない。こういう人は母性本能をくすぐってそれなりにお客さんがつくのかもしれないと、ぼんやり思った。夜の照明を浴びると顔付きもすっかり変わるのかもしれない。

私が裁判所で傍聴を始めた一九八〇年代後半は、男性のオーバーステイといえば建築現場

で労働に携わる人がほとんどだった。動機も圧倒的に子供の学費のためで、大の男が国にいる子を思い裁判官の前で大粒の涙をこぼすことも少なくなかった。

起訴状の職業欄にホストが現れ始めるのはそれからしばらく経ってからだ。最初は韓国から来た韓国語を話す若者がいったい誰を相手にホストをするのか不思議で仕方なかったが、需要があるから仕事になるのだろう。韓国や韓国語が好きな日本の女性、いろいろな理由で日本に滞在する韓国の女性など、客層は意外と広いようだ。裁判所で出会う彼らは職業柄だろう、端正な顔付きとスマートな体格の持ち主が多かったが、一様に背筋を伸ばしプライドを隠して神妙に裁判を受けていた。今目の前にいる被告人も、神妙といった意味では同様なのだろうか。

「そうです」と、彼が答えた韓国語の「クロッスムニダ」を肯定文の日本語に通訳した。罪を認めますか？　という質問に、そうです、という答えはなんだか妙だなあと感じながら意識して直訳した。一般的にこのような時は、「ネー（はい）」とか「インジョンハムニダ（認めます）」と答えることが多い。初めから反省の意味を表して「チェソンハムニダ（申し訳ありませんでした）」と答える人もいたりする。

ふと、つい先日私が韓国語を教える高校の授業で、同じフレーズをとりあげたことが頭に浮かんだ。

第二外国語として韓国語を選択している生徒たちは、ほとんどが初めて韓国語を学ぶ。もちろん中には好きな歌手やグループの影響を受けて独学に励み、すらすら読み書きができる生徒もいるが、大部分は白紙の状態だ。丸とか四角の、初めはそれこそ記号か暗号にしか見えないハングル文字を覚え、アンニョンハセヨ（こんにちは）、カムサハムニダ（ありがとうございます）、の基本的な挨拶に慣れていく。

「クロッスムニダ」はそのような課程で学ぶ覚えやすいフレーズだ。何度も教科書のCDを聞きながら生徒と一緒に声を張り上げ、黒板に書いた文字を見ながら音読の練習をしたばかりだった。

「日本語では、そうです、そのとおりです、の意味になります。はい、一緒に」

「クロッスムニダ！」

「それから、クロスムニダ、の最後のダをカに変えて、クロッスムニカ、にすると、これは疑問文。そうなんですか？の意味になります。はい、続いて」

「クロッスムニカ？」

肯定文にしても疑問文にしても、これは日常でよく使える言葉だから、と授業で生徒に念を押したばかりだった。

被告人質問になり、弁護人の質問の次に検察官の質問が続く。被告人は初めての裁判に怯えているのか、終始うつむき加減でその声も聞き取りにくい。

「君ね、今回のことを悪かったと思っていますか？」

「クロッスムニダ」

「韓国にいるご両親は今回のことを知っていますか？」

「クロッスムニダ」

何を聞かれても、

「クロッスムニダ」

と、判で押したように同じ答えばかり返す。その都度、「そうです」「そのとおりです」と訳していたが、だんだん問いと答えがずれてきた。クロッスムニダしか韓国語を知らないわけでもないだろうに。もしかしたら誰かに、もし裁判になったらずっとクロッスムニダと答えておけばなんとかなるから、とでも教えてもらったとか。それにしてももう少し質問をしっかり聞いて答えてほしいと思う。そしてもっとよく考えて答えてほしいとも思う。そんなことを私が言えるはずもないのだが。

答えになっていないような答えでも、そのまま訳さなければならないのが法廷通訳だ。どんな公判でもかみ合わない問いと答えが長々と続くと、

（通訳が、おかしいのとちがうか？）

と訝られる気配を感じる時もあったりするが、法廷通訳はそれでも動じずに仕事を続けな

ければならない。

「韓国に帰ってからどうするつもりですか？」

「……クロッスムニダ」

「反省していますか？」

「……クロッスムニダ」

「…………………。以上です」

検察官が時計をちらっとみて質問を切り上げた。しっくり話が通じないことを、検察官や裁判官はどのように思っただろう。

通訳が入るせいだから仕方がないと思っただろうか。被告人が質問の意味をよく理解できていないと思っただろうか。それとも被告人が話をはぐらかしていると思っただろうか。

検察官の質問が終わることを告げられ、被告人が小さくため息をついた。


緑に囲まれた校舎の中に響く明るく屈託のない高校生の声、二色刷の教科書にある大きな活字、CDデッキから流れる澄んだ女性の音声……。

一方で、若い男性被告人が法廷で言い続けた「クロッスムニダ」はどこかうつろで他人の言葉のようだった。自分の言葉を表現するにはあまりにも自信なさげな「クロッスムニダ」。同じフレーズでももう少し確信を持って言ってほしかったと思うのは一方的過ぎるだろうか。

私が高校で教える生徒たちと、今目の前にいる被告人の年の差はそれほど開いていない。厳しい学歴社会、就職難……。韓国の若者は日本以上に社会へ出るまでに苦労する。男性の場合は日本と違って徴兵制度[1]もある。

1 北朝鮮と休戦状態にある韓国では徴兵制度がとられている。すべての韓国の成人男性が対象で、満十九歳から二十九歳まで約二年間に兵役につく義務が課せられている。兵役の義務を終えていない男性は留学や旅行などの海外渡航も制限され、兵務庁の許可が必要になる。

彼はこれから有罪判決を受けたあと韓国へ強制送還される。一度日本で有罪判決を受ければ、日本に再び入国するためのビザを得るのはなかなか難しいと聞く。しかしこれから戻る韓国の社会に彼の居場所はあるのだろうか。壁にぶち当たり再び海外へ思いを募らせないだろうか。国に帰っても望む仕事はなく、家族や地縁、学閥の繋がりが強い社会に息詰まり、再び偽造旅券や密航など違法な手段で日本にやって来る人もいなくはない。そうして捕まれば次は間違いなく長い服役が待っている。実際に担当したそういうケースも少なくない。

今、目の前の彼が繰り返す、「クロッスムニダ」を心の底からの「そうです」という意味で力強く使える時が近い将来にあるのか、それとも遠い未来になるのか。

教室での「クロッスムニダ」と、いま法廷で被告人が繰り返した「クロッスムニダ」は、同じ韓国語なのにこんなに離れている。

日本語と韓国語のあいだを行き来する

判決重うなったんは、あんたのせいや

「オンニ、ミアネ（ねえさん、ごめん）」

そう叫びながら、彼女は包丁で知人女性を刺した。

どちらも三十代後半の韓国人女性で、二歳年下の彼女が相手を刺した。

二人は共通の友人を通じて知り合った間柄だったが、オンニ[1]と呼ばれた被害者は日本で結婚して正規の滞在資格があり、被告人となった彼女はオーバーステイでホステスをしながら数年が経った後の出来事だった。

[1] オンニ（언니）という単語は妹や年下の女性からみた「姉さん」という意味で、血縁関係があってもなくても使える表現。同様に弟や年下の男性からみた「姉さん」はヌナ（누나）という単語になる。（「バーの向こう」172頁参照）

オーバーステイで捕まるほとんどの人は自分が違法な状態にあることを自覚していると聞

く。彼女もいつ捕まるかわからない不安な日々を過ごしていたが、ホステスだけで得られる収入は多くなかった。決して若くなく、思った以上に日本語もなかなか上達せず、まともな仕事が見つからない。

初めのうちは、生活に余裕のある被害者に対し、「困っているから少しだけお願い」という軽い感覚で金を借りたのかもしれない。あるいは、「このぐらいだったら来月働いて返せるから」とでも思っていたか。被害者も、「同じ国から来て苦労しているし、少しだけなら」程度に考えていたか。

借金は減るどころかどんどん増えていく。額が数百万円にふくらむ頃には、最初に決めていた形ばかりの利息も返せなくなっていた。そうなると被害者も黙ってはいられない。もはや彼女の言い訳に耳を貸さなくなっていた被害者から、返済を催促する電話が毎日のようにかかっていた。

家賃は数ヶ月払えない状況が続いている。もともと人付き合いが苦手で、これといって相談できる人もいない。そして延長を重ねてきた返済期限がまた迫ってくる。

もう一度だけ、ちゃんと話を聞いてもらおう。

その日も被害者から連絡があり、これからのことを話し合いたいから来て、と自宅に呼び出された。ここ数日まともに眠っていないし、食事もろくにとっていない。頭がぼうっとする。

入国管理局に〈自首〉して[2]韓国に帰ろうか。しかし韓国の家族とは連絡が途絶えて久しい。無一文で韓国に帰ったところで、いったいどうしたらよいのか。

[2] 「入国管理局に自首する」という表現は、本当は「入国管理局に出頭申告する」が正しい。刑事手続での「自首」と同じように、オーバーステイなどの外国人が、自ら入国管理局に出頭してその事実を申告することをいう。

「もし話を聞いてもらえなかったら、脅してでも、なんとか、返すのを伸ばしてもらおう」

カバンの中に、台所にあった包丁をしのばせた。ふだん料理をしたり果物を切ったりする、使い慣れたステンレスの包丁だ。包丁を見せたらオンニはきっと驚いて話を聞いてくれるだろう。そして私の苦しい事情をわかってくれるだろう。

被害者の家は閑静な住宅街にあるマンションの一室だった。知り合って間もない頃、何度か遊びに来たこともある。

リビングルームに通され二人で向かい合わせにテーブルに着く。夫婦だけの生活と聞いていた。夫は仕事に出ていてしいんとしていた。

オンニの目がつり上がっている。早く返して、いつ返してくれるの、と、同じ話が繰り返される。こちらの困った状況を伝えても相手にしてくれない。

オンニ、わたしの話も、わたしの話も、聞いてちょうだい。

咄嗟にカバンの中から包丁を取りだして見せた。包丁を見たら少しは落ち着いてくれるだ

ろうか。ところが、

「キャアーッ!!」

オンニが悲鳴を上げて椅子から飛び上がった。

何か叫んでいる。テーブルの上にあったものをこちらに投げてくる。

どうして、どうして、わかってくれないの！

そのままテーブルをはさんで右に左に動く。逃げようとするオンニをつかんでもみ合いになった。

!?

突然うめき声を上げながらオンニの体が崩れていく。床のカーペットに血が染みていく。いったい何事？　よく見ると包丁が、オンニの脇腹に刺さっていた。

なぜ？　どうして？　どうして刺さった？　わたしが、わたしが、刺した？

泳がせた視線の先にテレビボード。その上にふくらんだ財布が。

逃げなければ。

財布をつかんで玄関から外に飛び出した。震えの止まらない手を、もう片方の手で押さえつける。タクシーを拾った。そして家に向かった。被害者の財布から紙幣を抜き取り、タクシー代を払った。紙幣に血がついていたかはまったく記憶にない。

法廷で出た話をもとに私なりに想像すると、このような状況だったらしい。

さいわい相手の女性は自分で救急車を呼んで大事に至らず、その後自殺を図った被告人も一命をとりとめ強盗殺人未遂などの罪で裁きを受けている。公判では、「刺すつもりはかった。殺すつもりはなかった。ただ脅すつもりだった」という弁護側の主張で、殺意の有無が争点になっていた。

被告人は驚くほど髪の毛が多くて長い人だった。髪を結わずに伸ばしっぱなしにしているので、なおさらそう感じた。法廷ではいつも被告人の真横の席に座っていたが、そこに座るとちょうど顔の高さに彼女の髪の毛が流れる。

証言台の前に立ったまま、彼女の体はいつも揺れていた。質問にうまく答えられなくて、「……わかりません」とつぶやくときも、ためいきをつくときも、左右前後に体は揺れる。震えるというよりは、体の中心をきちんと支えきれていないような揺れ方だ。体が揺れるたびに、髪の毛もゆらゆらする。黒いかたまりは法廷の中で、その部分だけぽっかり穴があいたようだった。

「ごほっ。ごほっ」

「はぁーっ」

傍聴席から突然聞こえてくる人の気配に、あわてて我にかえった。毎回、傍聴に来ている

被告人の知人だというおばさんだ。初公判の日に、

「あぁ、通訳さん。わたしも日本語、よく知ってます。かわいそうな子やから、よろしくね」

と、すごく親しげな日本語で挨拶をしてきた。

独特なアクセントからすると被告人と同じように韓国から日本に来た人だろう。体の具合がどこかよくないのだろうか。乾いた咳を繰り返しながら、被告人の不幸がそのまま自分の不幸であるかのように目元に涙をうかべ眉間にしわをよせている。年の頃は六十過ぎぐらいだろう。

法廷通訳人は、弁護人や証人、そして傍聴人たちとおなじように外部に通じる一般の廊下を通って法廷に入る。こんなふうに被告人の関係者から声をかけられることは、よくあることだ。私に、「よろしくね」と言われてもなあ。でも、せっかくだし、世間話ぐらいはいいか、と、ちらっと思ったが、やっぱりやめておいた。と、いうのも、その人が被告人とどういう関係の人か、どんな利害関係がある人か、こちらは知るすべがないからだ。

事件そのものが複雑だったりすると、なにげない相槌ひとつでも聞く側によってはいろいろなとらえ方があるかもしれない。この通訳人、あっち寄りだ、いやこっち寄りだ、と、とられるのは心外だ。それに、公判前に不要な情報を頭の中に入れてしまうと訳す時にとんでもない影響が出るかもしれない。

しかし挨拶をしてくれるのにまったく無視するのもおかしい。できるだけ目立たないように気配を消したいが、法廷の中で生身の声をリアルタイムで発する以上、それは意外と難しいことなのかもしれない。

裁判所の公判は、原則的にすべて傍聴できる。適正な裁判手続きのために、どんな人にでも広く一般に公開されているのだ。メディアで取りあげられるような大きな事件の公判だと、長時間ならんでくじ引きなどの場合もあるが、ほとんどの刑事事件では自由に法廷に出入りできる。研修や授業などで傍聴に来るケース、ひとつの事件に興味をもちそれを追って傍聴に通うケース、事件の関係者、そのほかにも、いろいろな人がそれぞれの動機で法廷にやって来る。

ところで、彼女が凶器に使った包丁はいったいどんな包丁だったのだろう。

起訴状を見ると、〈包丁（刃体の長さ約十三センチメートル）〉とある。

牛刀とか菜切り包丁、柳刃包丁など、ぴったりの訳語をさがすのに悩ましい包丁名が起訴状に出てくることがあるが、この事件では一貫して最初から〈包丁〉という表現がとられていた。

日本語では包丁の種類が多く、その他にも中華包丁、出刃包丁、刺身包丁など、言われてみれば「ああ、あれか」と想像しやすいが、韓国語となると事情が異なる。日韓辞典、韓日辞典、韓国語の国語辞典など調べても、ぴったりそれぞれに該当する訳語は見あたらず、包丁に関して日本語のように細分化された表現はないことがわかる。

初公判前、辞書を何冊かひらいて〈包丁〉という韓国語を確認しておいた。何冊も、というのは、辞書によって訳語が微妙にちがったりするからだ。そして最終的に、一番辞書に出ていた頻度の高かった〈シッカル〉✎3という単語を選んだ。韓国に住んでいる人たちに確認すると、シッカルと言えば、台所で使うカル（刃物）を指すという、同じような答えが返ってきた。

✎3　シッカル・식칼－シク（食）＋カル（刃物）以外に、包丁を表す一般的な単語として、プオッカル・부엌칼－プオク（台所）＋カル（刃物）もある。

初公判からずっとこの単語を使っていたが、被告人本人からも、「にほんご、よく知ってます」のおばさんからも、とりたてて何の反応もない、言ってみれば迷うはずのない単語だった。

一度、公判中、弁護人が質問の途中で凶器のことを〈果物ナイフ〉と言ったことがあった。意図的に言ったのかどうかは定かではなかったが〈包丁〉という単語と〈果物ナイフ〉という単語は、韓国語でも全然ちがう。〈果物ナイフ〉という言葉が出たので、私もそれに対応する〈クァド（果刀）〉という通訳をしたが、すぐに裁判長が、凶器については〈包丁〉と言葉を統一するように弁護人に言った。違う表現を使うと凶器がいくつもあるかのような印象も受けやすい。混乱をさけるために起訴状にある単語を使うよう言ったのだと私は解釈したし、弁護人もそれに応じていた。

十三センチメートルの刃体をもつものが、包丁なのか果物ナイフなのか、厳密な区別は私にはつかない。だが、それ以前に両者を区別することは法廷通訳の仕事ではないと思っている。

彼女が握っていた包丁を、一度法廷で証拠物として見たことがあった。黒ずんだ血のりがべったり、刃体にのこっていた。「私の見た感覚」では、あれは〈果物ナイフ〉ではなく〈包丁〉だった。

しかし「私の見た感覚」は、法廷通訳人には要求されない。あくまでも法廷通訳人には、出てくる言葉を通訳する、そのことだけが求められているからだ。

包丁にへばりついた血のりは、あの日、テーブルをはさんでやりとりしていた被害者の体から流れたものだ。

その被害者が、証人として法廷にやって来た。

細い体に青白い顔色。

まだ事件のショックから立ち直ることができない様子だったが、被告人側が「刺すつもりはかった。殺すつもりはなかった。ただ脅すつもりだった」と起訴内容を争っているので、検察側の証人として出廷することになったのだ。

　刺された人と、刺した人と。

　被害者と加害者が同じ法廷で顔を合わす時には、あいだに入る通訳人もかなり緊張する。

　その上今日は速記官もいる。いつも座っていた書記官席の左隣に速記官が座り、またその左隣に通訳人用の席が準備されていた。机の上に速記用のタイプライターを広げ準備を済ませた速記官に会釈して席に着いた。

　速記官とは、法廷で発語されるさまざまな言葉を速記という特殊な技術で速記録に残す裁判所の職員だ。争点のある事案の場合、速記官は証人尋問や被告人質問の発言内容ややりとりをリアルタイムで逐次的に記録する。後にその速記録を引用して書記官が公判調書を作成する。速記官は刑事事件だけでなく民事事件にも立ち合う。

　立場の違いはあるものの、出されたナマの言葉を法廷で拾うという点では、速記と通訳は非常に近いものがあると感じている。どのようなケースでも、通訳する時に速記官がその場にいれば、本能的にその耳と目の存在がいつも気になってしまう。それは法廷というひとつの空間で同じ言葉をさわっている心地よい緊張感でもある。[4]

[4]　二〇一五年現在私の知る限りでは録音機器から調書を作成することも多いが、速記官を使う裁判官もまだ大阪には少なくない印象がある。
裁判所速記官は一九九八年以降新規採用が停止されており、録音機器を使ったデータをも

とに外部業者が録音体の翻訳作業を行い、必要に応じて書記官が校正してから公判調書が作成されることが増えている。また裁判員裁判ではコンピューターの音声文字化ソフトを使う方法も導入されている。いずれも機械が行う作業故に、誤字脱字や変換ミスなどの問題点が指摘されている。

近い将来同様に、法廷通訳人が音声通訳・翻訳ソフトに変わる日がやってくるかもしれないと思うのは私だけだろうか

落ち着かない様子の証人に裁判官が尋ねる。

「証人は日本語で答えますか。韓国語で答えますか」

「韓国語でお願いします」迷わず証人が答えた。

金を貸したいきさつ。犯行当日のこと。包丁を見た時の恐怖。刺された時の痛みとショック。その後日常生活を送る上での心身への影響。

思ったほど興奮もせず落ち着いて話す証人の話を、被告人は私が日本語へ通訳する前にナマの韓国語で耳にする。彼女はどのように聞いているのだろう。そんな話はおかしい、あり得ない、と不満気に聞いているのか。それともうなだれて反省しているのか。

彼女が座る場所で、長い髪の毛が揺れている。

前屈みになった彼女の上半身を、無秩序に伸びた髪の毛がすっぽり覆っている。まるでカーテンの奥へ隠れるように体を縮めて彼女はそこにいない。顔もまったく見えない。刺した

相手に申しわけない気持ちを持っていたとしても、反省の気持ちがあったとしても、これではなかなか伝わりにくい。

あんなに多くて長い髪の毛、せめて裁判所に来る時ぐらいひとつに束ねるとかしたらよいのに、もっとすっきりしたらよいのに、と、通訳しながらじれったい思いが募る。もしやわざとそのままにしているのか。

証人尋問が終わって法廷の外に出る時、オンニは彼女に視線を投げた。その視線を黒いカーテンがはね返した、気がした。

その後公判は回を重ね、検察側の論告求刑では厳しい数字が告げられた。同じ殺人未遂でも、その罪名の頭に「強盗」がつくとつかないとでは大きな差がある。「強盗」という二文字が頭についた場合は、その刑罰がぐんと重くなる。

求刑が告げられた瞬間、傍聴席から、

「あぁー」

という、絞り出すようなあのおばさんの悲鳴が上がっていた。

そして判決の日。

実際に裁判官から言い渡される主文[5]を聞いて被告人は激しく動揺した。乱れた髪のままに、受け入れられない様子で頭を左右に振る。苦悩に歪んだ顔がはっきり見える。厳しい求刑が出ていたとはいえ、判決には一縷の望みをもっていたのかもしれない。

✎5　主文とは、その裁判の判決の結論。判決主文ともいう。
「主文。被告人を懲役＊年に処する。この裁判が確定した日から＊年間、その刑の執行を猶予する」「主文。被告人を懲役＊年に処する。未決勾留日数＊日をその刑に算入する」などの言いまわしがある。
未決勾留日数というのは、逮捕されてから判決が出るまで勾留されていた日数のことだ。＊日をその刑に算入、ということは、その分を既に刑務所で過ごしたとみなす、ということ。すなわち、主文で「未決勾留……」という単語が入れば多くの場合執行猶予はつかず刑務所行きということになる。その他、主文に罰金や没収に関する文言が入ることもある。

このような場面での通訳は、いくら平静を保っているとはいえ、やはり気は滅入る。内容的にも難しく厳しい判決文の通訳は、正確に伝われば伝わるほど確実に聞いている相手を傷つけ疲れさせている。長く続いた公判も今日で終わり、判決文朗読はこの事件のまとめになるのだと自分に言い聞かせ分厚い判決文を訳していった。

どのくらい時間が経ったのだろう。閉廷した後、ふらふらになって廊下に出た。乱れた感情のまま法廷を後にした被告人の後ろ姿が、くっきり目の中に残っていた。訳した言葉は残像のように頭と唇にじりじり焼きついている。

突然、つっ、と、あのおばさんが、私の目の前に仁王立ちした。そして、きつい口調でこう言ってきた。

「あの子が使ったのは、シッカル「包丁」なんかじゃ、ない。あんな、大きい包丁じゃ、ない。クァド「果物ナイフ」やったんや。あんたの訳が、変やった。判決重うなったんは、あんたのせいや！」

　一瞬、何を言われているのか、わけがわからない。この人は、いったい何を言いたいのだろう。

〈包丁〉という日本語だったから、私は〈シッカル〉と訳しただけだ。〈果物ナイフ〉という日本語だったら、まちがいなく別の訳語を使っていたはずだ。どうしてそれが判決と結びつくのか。裁判長が〈果物ナイフ〉ではなく〈包丁〉と言い直していたのは、聞いていなかった？「日本語、よく知ってます」だったでしょう？　それとも私に言葉の便宜を期待していた？　そんな、無茶な。そんなこと、できるはずがない。……頭で考える以前に、あえぐように口が動いていた。

「私は、裁判所の中で出た言葉だけ、裁判所から出された言葉だけを、訳しています」

　おばさんには私の言葉などまったく耳に届かない。畳みかけるように話し続ける。

「あんたが、いいかげんに、訳したからや。シッカルなんて、とんでもないわ。そんな大きい包丁、使うはずないやんか。あんたがおおげさに訳したから、あの子、あんなに、重い刑になったんや」

おばさんが声を荒げて私の方ににじり寄ってくる。

弁護人が少し離れてこちらをじっと見ていた。

ここで後に引いてはいけない。けれども前に出てもいけない。

一生懸命、通訳してきたのに。

最後の最後にこんなふうに言われるなんて。

苦い思いが喉の奥からふきこぼれそうになった。

これ以上は関われない、関わってはいけない、と判断した。判決は既に言い渡されているのだ。それに対する不満や抗議を私一人がここで受け止めてはいけないし、受け止めるべきでもない。どうしても納得がいかない場合は通訳がまちがっていたと控訴審で主張することもできる。

弁護人やそのおばさんに、毎回していたように頭だけ下げてその場から立ち去った。おばさんが弁護人に向かって何やらまくし立てる声が背中の後ろで廊下いっぱい響いていた。

裁判所に出入りしていると、要通訳事件だけにかかわらず、法廷や廊下で泣き声や叫び声、罵声やヤジなどに遭遇することは珍しくない。裁判所が人間社会のトラブルを扱う所だと考えると、とりたてて不思議なことではないのだろう。

そのことを考えれば、あのおばさんのことも理解できなくもない。

かわいがっていた子の事件を、具合の悪い体にムチ打ってずっと傍聴してきた。でも想像以上に厳しい判決が下りてしまった。気持ちをぶつける所など他にない。だから、たまたま私にぶつけてきたのだ、と。

けれども、ひとつだけ、ずっと気になることがあった。それは〈シッカル〉を「あんな、大きい包丁じゃ、ない」と言い切った、あのおばさんの自信に満ちたひと言だった。

私は日本語が母語である。したがって日本語がまず先にあり、その上に韓国語が存在している。翻訳する時など辞書では決してさがせない微妙な単語のニュアンスは、どうしても韓国語がネイティブの人の助けをかりなければならない。

あのおばさんは、私と逆の人だった。いくら「日本語、よく知ってます」といっても、母語は韓国語の人である。日常の言葉もおそらくほとんど韓国語であろう。ひょっとしたらあの人は、〈包丁〉と〈果物ナイフ〉の違いをこえた、私にはわからない〈シッカル〉を知っているのかもしれない。

語感、という、目には見えない壁がちらつく。

ざらざらした言葉の手触りは、それを触る人によって変わってくる。〈そこ〉の土地で、〈そこ〉の水と空気を吸って育っていく、生きている言葉。どんなに立派な辞書をたくさんそろえても、おさまりきらない言葉たちは辞書から外の世界へぽんぽん飛んでいく。その先へ、私はたどりつけるのだろうか。

公判の記憶が薄れかかった頃、韓国に行った時にひょんなところでこの〈シッカル〉と再会した。それは、テレビを見ていた十歳になる友人の子の、なにげないひと言だった。

「……シッカル？　ウワッ、コワッ！」

「シッカルガ、コワイ？　ソレッテ、ドウイウコト？」

「シッカルハ、オオキインダ。ダカラ、コワーイ」

その瞬間、あのおばさんの言葉がパッと耳もとでよみがえった。

「あんな、大きい包丁じゃ、ない」

これだ。

これだったのだ。

シッカルという、この響きのことだ。

あのおばさんは公判中、シッカルという音を聞くたびに、怖くて残忍なこの響きを感じとっていたに違いない。毒づくように私に挑みかかってきたのは、体の奥から沸き立つ自分の感覚に正直に反応しただけだった。

私は〈包丁〉という日本語から〈シッカル〉という韓国語を導いた。

しかしあのおばさんは〈シッカル〉という韓国語から〈包丁〉という日本語に導かれた。

つまり私には〈包丁〉が先にあり、おばさんには〈シッカル〉が先にあった。響きを感じ取る土台になっている言葉がまったく違っていたのだ。

もしかしたらおばさんの耳に〈シッカル〉は、たとえば日本語でいう出刃包丁ぐらいの大きさで響いていたのではないか。出刃包丁、出刃包丁、と公判で繰り返し聞かされて、ふくらんでいた違和感が判決を聞いてはじけてしまったのではないか。

公判では「包丁」という単語そのものが争点になっていたわけではなかった。何冊の辞書にも出ている単語を選択したのであって、それぞれの人に与える印象の違いまで考慮することは困難だし、そこまで踏むこむべきではないのではないだろうか。

だが、辞書という盾の後ろに傲慢さはなかったか。私の訳語の選択が絶対まちがっていなかったと断言できるか。

迷いはいつまでたっても消えることはない。

判決公判を除き、長い髪の奥に感情を隠して表すことのなかった被告人に尋ねたかった。

シッカルという音が、果たしてどんな響きになって届いていたのか。おかしいと思ったのか。怖くて残忍だと思ったのか。

あり得ないと思ったのか。

それとも仕方ないと思ったのか。

彼女は今もこの日本のどこかで服役している。けれども彼女の答えを聞く機会は決して訪れない。

名前を何といいますか

「名前を何といいますか」

裁判官が被告人に日本語で聞いた。

私はそれを韓国語になおして被告人に伝える。

被告人は、自分の名前を告げた。

次にそれを日本語になおす。と、いっても被告人の名前は固有名詞なので、本人が告げた音のとおり発語して通訳した。

名前を何といいますか、という文章自体はとてもわかりやすい日本語だ。何語に訳す場合でも、特別どうということのない表現だといえよう。

しかし、私にとってこの表現は決して簡単ではない。なぜかと言うと、この〈名前〉という単語へのこだわりのせいだ。

韓国語は丁寧語や尊敬語の使い方が難しい。もちろん日本語でも丁寧な表現を求められる場面は少なくはないが、韓国の社会で日本語的な感覚で韓国語を使ってしまい、とんでもない失礼をしていたという苦い経験が私には過去にいくつもある。

特に〈名前〉という単語は、相手によって〈イルム〉もしくは〈ソンハム〉と、きっちり使い分けなければならない。日本語でわかりやすく言うと、前者は一般的な〈名前〉、後者は丁寧で尊敬の気持ちのこもった〈お名前〉というところだろうか。

使い分けのひとつのめやすに、年齢がある。

初対面でさりげなく相手の年齢を確認する作業は、韓国の社会では珍しくない。一歳でも自分より年上なら、その人は自分より目上の人として言葉を選び接しなければならないからだ。これは肩書きや地位、役職などとはまったく別次元の話である。また家族の間でも例外ではない。目上の人にぞんざいな言葉や表現を使うことは、極めて非常識な行為として社会的に容認されない。また年齢にかかわらず、関係がそれほど深くない時は丁寧な単語を使う方が無難だ。

イルムとソンハムも、そんなふうに使い分けられる。

さて、それではこの法廷ではどうなるのだろう。私は被告人に対して、どの程度丁寧な言葉を使えばよいのだろう。

通訳する中には親と同じような年配の被告人たちも多い。彼ら彼女らからみると、私は明らかに目下の人間だ。逆に言うと彼ら彼女らは私からみて目上の人たちになる。外で出会えば迷うことなく、私は彼らに接する自分の言葉をさがすことができる。

だが、ここは法廷だ。

そのうえ、ここは韓国ではなく日本なのだ。

韓国的な感覚は、日本の法廷では不要ではないか。それに、座る位置が彼らと私は違っている。被告人の横であれ前であれ、私は裁判所から連絡をもらって仕事をする側に座っており、彼らは裁かれる側に座っている。外での関係性がここでは機能しない。裁かれようとしている人には、それなりにふさわしい表現があるのではないだろうか。外で使うような言葉遣いは、この空間では必要ないのではなかろうか。

しかし、どういう方針で臨むにしてもその時の状況と気分次第で訳語の選択や表現が変わることだけは、どうしても避けたい。

それで、自分なりのきまりをひとつ、定めることにした。

被告人とか法廷通訳人というのはあくまでも裁判所の法廷という場での関係性にすぎない。私自身は一対一の人間として彼らに接すればよいわけで、法廷外で出会った時と同じような言葉、日常の場で使っている言葉を選ぼうという思いに至った。一度そう決めてからは、

「名前を何といいますか」という日本語を、ごく普通に訳せるようになった。

かと言って起訴状を見て年齢を確認し、自分より年下ならぞんざいな表現を使っていたわけでは、決してない。あくまでも外で知らない人と初めて出会った時と同じような感覚で、イルムとソンハムの切り替えを自然に躊躇せずできるようになったまでだった。


ところが、こんなことがあった。

窃盗で捕まった男性被告人がいた。起訴状を見ると年齢は私より少し上だった。口数も少なく物静かな人だったが、妙に暗い目の持ち主だった。底なし沼のような彼の目には、うっかり見つめてしまうととんでもない所に引っ張り込まれてしまいそうな、得体の知れない静けさがあった。

公判は裁判官一人の単独審だった。名前を何といいますか、という裁判官の質問を、私は当然のように、ソンハムという丁寧な単語を使って訳した。なかば習慣のようにその単語を使うようになっていたし、自分の中ではごく自然な流れだった。

だが、追起訴がどんどん続く。その都度、新しい罪名が付け加えられていった。公判が開かれるたびに、裁判官は被告人の名前を確認する。私もその都度、同じ訳を繰り返していた。状況がどんなに変わろうと、私が選択する訳語に変わりはない。妙な自信すらあった。

そうしているうちに、強姦致傷[1]という罪名の追起訴状が届き始めた。これは、裁判官が三人の合議審での公判になる。それだけ重くて大きな事件なわけだ。

✎1　裁判員裁判制度が始まって以降は裁判員裁判の対象事件になっている。

合議事件になって初めての公判の日が来た。法廷も広くなり傍聴人も増えている。起訴状によると被害者の女性は一人でなかった。どこから聞きつけたのか、それまで見たことのない男性傍聴人が何人も興味津々の面持ちで席を埋めていた。その中に、険しい視線の女性も混じっている。

その日、書記官の横の席に被告人と向かい合う形で座っていた私は、被告人の顔をまともに見ることができなかった。

発せられた言葉を、先入観を百パーセント排して通訳することが私の仕事だ。しかしそれまで感じたことのないもやもやした気持ちが心に居座り始めていて、そのこと自体に胸がざわつき当惑していた。

私も女であり人間である。

自分の生理的な感覚を完全に無視することは、たやすいことではない。事前に届いていた追起訴分の冒頭陳述書には、犯行当時の様子が非常に詳しく書かれていた。それは被害を受けた女性らが警察や検察で詳細を告げた内容だった。

事前準備をしながら私は途方にくれていた。

普段接することのない表現や単語の数々。気持ちが滅入る以前に、それを韓国語にどのように訳してよいのかわからなかった。もちろん辞書になど載ってはいない。人においそれと聞くわけにもいかず、考えたあげくインターネットで韓国語の成人サイトに入ってサンプルを探そうとしたが、そこにたどり着くまでの検索が上手くいかず頓挫していた。苦心しながらなんとか自分なりに単語リストを作成し公判の日を迎えた。

私の真後ろにいた裁判長が被告人に尋ねた。

「名前を何といいますか」

なまえ……。

(……なまえ!?)

韓国語が出てこない。

どうやって訳したらよいのか、咄嗟に判断がつかない。

いったいどちらの単語を使ったらいいのか。

いつもと同じように、罪名が何であれ、いつも使っているソンハムという単語を使えばそれでいいのだ。

いや、もうそこまでしなくてもよいのではないか。今までずっとソンハムと言ってきたし、もう、いいじゃないか。

極めて短い間だったと思うが、舌はすっかり怯えていた。そして、信じられないほどすんなり出てきたのは、イルムという単語だった。自分の無意識、あるいは理窟ではない感覚の部分が選んだのは、丁寧なソンハムではなく、イルムだった。彼の前でその表現を使うのは顔を合わせて以来初めてのことだ。

動揺を隠し、まっすぐ彼の目を見すえた。

藍色に光る彼の目は、今日はいっそう深さを増している。彼は自分の名前を、その乾いた唇から吐き捨てた。私は慌てて吐き捨てられた彼の名前の音を拾って通訳した。冷たい、音だった。やけどしそうな冷たさだった。

罪によって人が罰せられる。法は犯した罪によって人を罰する。これは、被告人が日本人であろうが韓国人であろうが、日本語を使おうが韓国語を使おうが、全然関係のないことだ。それに、私が〈名前〉という単語に〈イルム〉を使おうが〈ソンハム〉を使おうが、裁判の進行には直接の支障はないかもしれない。被告人本人にしても、あの場面で名前という単語ひとつにこだわっているようには見えなかった。

だがその後しばらくの間私は、大きな虚脱感に襲われた。自分に法廷通訳人として法廷に入る資格があるのか懐疑的になった。自分で決めたルールをあっさり破ってしまったきまり悪さと、意識する以前に訳語を口に出していた自分への不信感で心が鉛のようになった。

法廷で通訳する、ということの手ごたえはまちがいなく自分の中に存在する。それは、自分という媒体がいなければ審理が前に進まないという現実、そのものである。

だが、法廷で通訳することの確かさは、いったいどこにあるのだろう。一語一語、正確に直訳する、という法廷通訳のあり方は、いったい誰がどんな形で守りきれるのだろう。

公判の一番初めに行う通訳人の宣誓のための用紙には「良心にしたがって、誠実に通訳することを、誓います」という言葉が印刷されている。〈良心〉とか〈誠実〉という単語は、とても耳ざわりがよくて美しい。朗読しながらそれらを口にする本人は、まるで良心や誠実さというものが、当然あるべき自分の中の属性のように思えてくる。

ひとつの言語を他の言語に変換する時の判断基準は、最終的には通訳人各々に求めなければならない。それぞれの人のもつ判断基準は、日本語や外国語の語学力はもちろんのこと、判断力や精神力といった目に見えない物差しまで要求してくる。

いったいどうしてそれらが、宣誓の時に読み上げた言葉を、決して裏切らないと言い切れるのだろう。法律に従って執り行われるすべての裁判手続きの中で、法廷通訳人のよるべき所を、良心や誠実さという人の心の世界に求めていくしかない危うさ。

この危うさに対峙して行く術を、私は知りたい。名前、という単語ひとつを自分の中で守りきれなかった通訳人として、私は知りたい。

判決公判の日、裁判長は判決文を読み上げる前に、被告人の名前を再び確認した。

「名前を何といいますか」

今日は迷わない。

「ソンハミ[2]　オットッケ　テムニカ」

[2]　単語だけではソンハム（성함）になるが、文中では助詞（이）がつき連音化（リエゾン）するため、ソンハミと発音する。

初公判の時から使っていた単語を使う。

被告人は表情を変えずに自分の名前を告げた。

求刑通りの厳しく長い判決文を裁判長が朗読し終わり、私はそれを韓国語に訳す。被告人の名前はひとつの役目を終えて彼の元を離れ、ぬけがらのように法廷の空気の中へ消えていった。

ハスリします

被告人の男性が真ん中の証言台に座っている。

裁判官、検察官、弁護人。そして韓国語の法廷通訳人。

傍聴席には誰もいない。

オーバーステイの事案で、一回で結審[1]の予定だと聞いている。それぞれが決められた席について、決められた役割を演じるように、静かに、粛々と審理は続く。

[1] 結審とは、ひとつの裁判のすべての審理が終わること。判決は含まれない。

オーバーステイの事案で弁護人接見に同行すると、以下のようなやりとりをよく見かける。

被告人が「裁判は何回で終わりますか?」と質問する。すると、弁護人は「一回で終わります」と答える。途端に被告人の顔がぱっと明るくなる。裁判所に行くことが一回で済む、つまり判決までその日のうちに出て執行猶予がつけば、それだけ早く拘置所から出て入国管理局に移り帰国できると算段するのだ。弁護人が続けて「審理は一回で終わりますが、判決は別の日になります。裁判所には最低二回は行くことになります」と言うと、（やっぱりそうなのか……）と、失望の色が被告人に広がる。拘置所などで公判手続きのビデオを見たと、弁護人の接見に同行した際に被告人から聞いたこともあり（各国語に吹き替えられているらしい）、おおよその流れは理解できるよう配慮されていると推測する。

被告人質問になって、弁護人が被告人の男性に質問し始めた。事件の内容についてひとときおりのことを尋ねた後、これから先のことに話が移る。

「ご家族は、どなたがいますか」

「国に娘がいます」

「娘さんはこのたびのことをなんとおっしゃっていますか」

「体に気をつけて、ずっと待っているから、と」

四十代半ばをすぎた被告人は、感情を抑えて冷静に答えた。

公判前に弁護人の接見に同行した時は片言の日本語を交じえながら話していたが、公判では通訳を使って神妙に受け答えしている。執行猶予中の再犯だったので、厳しい結果が予想されていた。

「ところで、いつかはあなたも国に帰られます。国に帰ってからどうやって生活していきますか」

オーバーステイの場合、国に帰ってからの生活設計があるのとないのとでは情状面で変わってくる。国に戻って金もなく頼る人もなく、そして職を探すのも難しければ、また日本にやって来るのではないか。そんな懸念を裁判官にもたれないための、弁護側の決まったパターンの質問と言えなくもない。

いつかは……、という部分を、さりげなく、しかしゆっくりと、通訳した。

すると返ってきた答えは、

「ハスリします」

と、短いひとこと。もちろん韓国語だ。

（ハスリ？）

まったく初めて聞く言葉だ。聞きまちがいかと思い、真横に座る被告人に確認した。

「ハスリ……？」

「ええ。ハスリ」

迷わずしっかり同じ答えを韓国語で繰り返す。

何のことだろう。わからない。

……通訳できない！

声に詰まった時間が宙ぶらりんに延びていく。

こんな時、通訳人は頭を抱えたくなる。自分の語彙不足を恨みたくもなるし、通訳人としてのウデを疑われるのではないかと弱気にもなる。だが、わからない時は一刻も早くわかりません、と裁判官に伝えなければならなかった。頭の中の引き出しをこれ以上あれこれかき回しても、ハスリ、は到底出て来そうにもなかった。

そんな思案気な通訳人の表情を見て取ったのか、被告人は続けて韓国語で話し始める。

「ほら、あの……。コンクリートを固めたりしたら、そのはしっこを削ったりする仕事……」

（……?……）

ますます何を言いたいのかわからない。

だが、被告人が発した言葉はそのまま日本語に訳さねばならない。理解できない言葉は理解できないままに、曖昧な言葉は曖昧なままに、法廷通訳人は通訳しなければならない。時には目の前の人が発した言葉を「訳す」のではなく「音を伝える」必要があると判断し割り切る勇気も伴う。

訳し終えると同時に声を上げたのは、裁判官と弁護人だった。

「ああ、はつり!」

いつのまにか、ハスリ、と被告人が韓国語としていった言葉が、はつり、という日本語に変わっている。思わず裁判官に尋ねた。

「……あのう、はつり、って、日本語ですか？」

「そうそう」

一瞬だったが、和やかに空気が緩んだ。

いったいハスリが何で、はつりが何なのか、見当がつかない。だが、裁判官も弁護人もすっきりと納得した様子だ。とりあえず話はつながったわけだ。ここで法廷通訳人に〈はつり〉が何なのか説明する必要はない。

メモ書きの用紙に「はつり」「?」と書いてから大きくマルで囲んでおく。そのまま次の質問に移った。

後で調べてわかったことだが、はつり（斫り）とは建築土木関係の工事現場などで、コンクリートを削ったり、壊したり、穴をあけたりする作業のことを指すらしい。男性が公判で話した「コンクリートを固めたりしたら、そのはしっこを削ったりする仕事」と一致する。

いわゆる業界用語とはいえ初めて耳にする日本語だった。もちろん弁護人の接見に同行した時も出てこなかった単語で、どうして接見でその質問をしなかったのかと恨めしい気がしなくもない。

ところで公判が終わるまで、やはり私は被告人が韓国語で言ったハスリが気になって仕方なかった。

本当にハスリは裁判官や弁護人が納得したはつりと同じなのか。審理の合間を縫ってハスりを韓国語の辞書で調べたが、やはり辞書の中にハスリは見あたらない。ハスリはどうやら〈韓国語〉ではないらしい。

ひとつ仮定を立ててみた。

ハングル[2]での発音では、日本語の〈つ〉の音が出しにくい。言葉としてよく使われるほどに〈つ〉が〈ス〉の音へ、変化していったのではないか。

2 ハングルとは韓国語や朝鮮語における文字の名前。日本語のひらがなやカタカナに相当する（日本語をひらがな語やカタカナ語と言わないように、韓国語や朝鮮語をハングル語とは言わない）。一四四三年に朝鮮王朝四代国王の世宗（セジョン）が創った、十の基本母音と十九の子音からなる表音文字である。

つまり、はつりとハスリは同一の単語で、男性はどこの国の言葉とか意識することなしに、日常的な言葉としてハスリという単語を使っていた。

実は、裁判所の通訳をしながらこの種の不可思議な単語にぶつかることは初めてではなかった。それらを口にする大半の被告人は男性で、日本の建築現場などで働いていた。

「仕事はノガダをしていました」

「ハコパンみたいな所に住んでいました」

韓国語で話しながら突然出てくる、ノガダや、ハコパンという聞きなれない言葉。

ノガタの場合は、それが土方のことを指すのだと理解するのにそれほど時間はかからなかった。話の流れからもそう取れるケースが多いし、音そのものも〈どかた〉にかなり近い。接見中や公判廷でたびたび耳にする単語だ。

どかたの、〈た〉の音が濁音の〈ダ〉に変わるのは、有声音化というハングルの発音のきまりで理解しやすい。だが、どかたの〈ど〉の音がなぜ〈ノ〉の音に変化したのか、いまだに理解できないでいる。ハスリ同様、ハングルで発音しやすいような姿へと変わりながら、ノガダ、と、人の口から口へ渡り歩いてきたのだろうか。

まったく意味不明だったのが、ハコパンだった。

別の公判の時だったが、ハスリの時と同じようなやりとりがあって、ようやくそれが、掘っ立て小屋やバラックのことだと理解することができたのだが、後に確認してみて意外な言葉の成り立ちに驚いた。ハコの部分だけ、日本語だったのだ。

ハコパンは、日本語の〈箱（ハコ）〉に、韓国語で部屋の意味である〈房（パン）〉が結びついた言葉だった。おそらくは、箱部屋、箱のようにつくられたバラック、という意味で使われてきたのだろう。つまりハコパンは、日本語と韓国語の合成語だったわけだ。

何よりも、ノガダやハコパンは、私が持っていた国語（韓韓）辞典や韓日辞典に載っていることに驚かされる。……まるで当たり前のようにハングル文字できちんとページの中に納まっているのだ。

韓国では一九九五年に、「日本語調生活用語醇化資料七〇二単語」（文化体育部／国語審議

会）というものが発表されている。✎3

醇化とは、手厚く教え導くこと、不純な部分を捨てて純粋にすること、純化、と辞書にある。不純とか、純化という表現そのものが放つ力に思わずドキリとしてしまうが、これは、日本語しか使うことが許されなかった時代が終わって半世紀のふしめに、日本語式の言葉を使わずに元々ある韓国語を使っていきましょう、といった趣旨のことらしい。

✎3 その後、一九九七年に、新たに三七七単語の追加が発表された。

その資料を見ると、スシ、スキヤキ、などポピュラーな単語から、ソデナシ（袖無し）、ムテッポ（無鉄砲）など意外な単語も混じっている。とりわけ目を引くのは、カネガタ（金型）、トギダシ（研ぎ出し）、メジ（目地）、ホリカタ（掘り型）など、建築土木関係の業界用語が数多く含まれていることだ。

さすがにハスリはなかったが、ノガタとハコパンはその七〇二単語の中にしっかり顔を見せている。韓国語でノガタはコンサパンノドンジャ、ハコパンはパンジャチブと姿を変えて資料に記されている。

娘の待つ国に戻ったらハスリします、と答えた男性のように、ハスリ、ノガダ、ハコパン、はごく自然に話者に寄り添い生活の中にあった。

人の営みの中で生き続ける、日本語でもなく韓国語でもない単語の数々。

それは、七〇二単語の資料からもはるかに遠く、あっさりと海を越え日本の裁判所のとある単独法廷で、ひとりの法廷通訳人を惑わした。

うごくなまえたち

「あの、ちょっといいですか？」

それは、裁判官のひとことだった。通訳をした私に言っているのだとわかった瞬間、

(何かヘマでもしたんだろうか)

頷きながらドキドキする。

予定通り審理が一時間ほどで終わった後、背のひょろっとした中年男性が手錠をかけられる。ペコリと頭を下げて被告人が法廷の外に出ていったすぐ後のことだった。

通訳人は裁判官と同じ法廷で公判に臨むとはいえ、直接話を交わすことはほとんどない。法廷への出入り口もまったく別だし、私も仕事が終わればすぐ法廷の外に出る。次の公判まで少し時間があったからかもしれないが、審理が終わった後にこうして声をかけられるのはかなり珍しかった。

裁判官はどうにも腑に落ちないという風に口をひらく。

「名前のことなんですけど、今の被告人の」

公判中は声がよく通ってテキパキとした印象の裁判官だった。ところが今は心なしか声が緩んでいる。

呉正求、とかかれた起訴状に目をやりながら、

「ここの被告人名のうえに、オ・チョン・ク、とルビがふられていますよね。でも、人定質問のとき被告人は、オ・ジョング、と言ったように聞こえました。通訳の時も同じように聞こえましたが……。どちらが正しいのでしょうか？」

起訴状しか手もとにない裁判官は、被告人と会うのはその日その時が初めて。まさか違う被告人がやって来るなど想像もできないことだが、まったくないとも言いきれない。実際、外国人事件で同姓の被告人が取り違えられて出廷し、人定質問で初めて別人とわかったケースの記事を読んだことがあった。

起訴状によってルビがある時もない時もある。ルビはおそらく捜査段階での通訳人がつけたものだろう。[1]

[1] 来日韓国人の起訴状の姓名表記は、当時と今ではスタイルが変化している。二〇一五年現在でいうと、私が担当した事案はすべてハングル読みのカタカナ表記が記され、漢字表記は括弧の中に記されていた。

捜査段階での通訳人とは、警察、検察、弁護側の通訳人を指す。それぞれに登録のシステムが違っており、独自に名簿を作成している。これら通訳に携わる人を総称して司法通訳者ということもある。

裁判所の中立性を保つために、捜査段階の通訳人が法廷通訳人を務めることはできない（少数言語で通訳人の手配が困難な場合など例外もあり得る）。

逮捕されてから起訴され裁判になるまで、被告人は何人もの通訳人を介して自分の言葉を伝えていく。裁判の証拠となる調書もそのシーンごとの通訳人を介して作成されていく。突飛なたとえだが伝言ゲームのように何人もの通訳人にリレーされた被告人の言葉が裁判に上がってくるわけだ。

時々被告人が調書の内容をめぐって「私はそんなこと言ってません」と気色ばむことがある。調書を作成する時はその都度被告人に読み聞かせ、内容にまちがいがなければ署名と捺印をしてもらうので、「言っていないのならどうしてサインしたの？」と突っ込まれてしまい、捜査段階で明らかな誤訳がある場合や強引な取り調べがあるケース、または本人が虚偽を言っているケースを除き、被告人は釈然としない様子で首をかしげるしか手立てはない。

こんな時、逮捕直後から公判に至るまでリレーされた単語や表現のニュアンスが、どこかで微妙にズレてきたのではないかと、非常に気になる所ではあるが確かめる術はない。

今手にしている起訴状にも、被告人名のハングル読みの音が、オ・チョン・クと行儀よくカタカナで並んでいる。漢字一文字ずつの上に、その漢字の音として正確にルビをふってあった。

（まちがっていない。でも……）

確かに、オ・ジョング、と私は伝えた。もちろん被告人も同様だった。ではこちらがまちがっていたのか。いや、そんなことはない。

（……オ・チョン・ク、と、オ・ジョングと……）

自分自身に念を押すつもりで、つぶやいてみる。

私にとっても、おそらく被告人にとっても、オ・ジョング、が自然な発音だ。その、自然な発音、という音はハングル文字から出た音である。その音を直接耳にした裁判官は、書面の中のカタカナ文字と照らし合わせながら理解しようとしている。今いちばん気になっているのは、濁音があるかないかのようだった。

どう説明すればすっきり理解してもらえるのだろう。

ハングルは、同じ子音でも置かれた位置によって音が濁る時とそうでない時があるのです。文法上はそれを有声音化と言います。そう伝えればわかってもらえるだろうか。

どちらが正しいんですか、という問いかけに、こちらが正しくてこちらがまちがいです、などと安易にはとても答えられない。

「……発音上はそう聞こえますが、起訴状のカタカナ表記でもまちがいではありません」

苦し紛れに伝える。

「発音の仕組みが違うので、ハングルの音をカタカナで書けば耳に届く音と少し違ってきます」

もっと理路整然と説明できれば、と歯がゆい。だがこれ以上言葉を重ねても、すっきり着地できそうになかった。

「そうなんですか……」

裁判官は納得できたのかできなかったのか、その表情から窺うことはできない。これで勘弁してください、と念じる思いで法廷を後にしたものの、どうにもすっきりしない気持ちは後をひいた。

それからしばらく後のこと、別の裁判体[2]だったが、同じく人定質問の時にこんなことがあった。

[2]　裁判体とは、「その事件における判断主体」と言い換えることもでき、「裁判官等で構成される合議体全体のこと」とも表現できる。裁判員が居る場合は、裁判員と裁判官のすべてをあわせた集団を裁判体ともあらわす。

年配の裁判官が被告人に向かって名前を尋ねる。起訴状には被告人名が漢字で、朴順愛とだけ記されている。この時、カタカナのルビはついていなかった。

裁判官から名前を尋ねられた若い女性は韓国語で答えた。

「パク・スン・エです」

一文字ずつ、まるでロボットのように区切って言った。ひとつずつの音にこめられた力が、硬く張っている。緊張している……そう思いながら、

「パク・スネです」

と、起訴状にある漢字を無意識のままハングル読みして通訳すると、被告人の発音を聴きながらペンを動かしていた裁判官の肩が止まった。普通だったらその後続けて生年月日を聞くはずなのに、じっと何かを考えている。

(どうしたんだろう)

パク・スン・エとパク・スネの違いに考えがおよばなかった私は、ふっつり言葉を切ったまま考え込んでいる裁判官の様子を窺った。と、横に立っている被告人がなまりのある日本語で突然解説を始める。

「あの、私のなまえ、ゆっくり言ったら、パク・スン・エ。でもふつうは、パク・スネ。どっちでもいいです」

被告人の顔を横から見上げた。

裁判官に目をやると黙って深く頷いている。

しまった。なぜ気付かなかったのか。本来なら通訳人自ら説明すべき内容だったか。いやそれよりも、被告人が口にした〈音〉をそのままひろって伝えればよかったのだ。被告人の

ひらいた。

流暢な日本語の説明を聞きながら自分の迂闊さに顔がほてってくる。裁判官がようやく口を
「通訳人、起訴状にある漢字を被告人に見てもらって、名前がその漢字で正しいのか確認してください」

耳に届いていた音が漢字へ姿を変える。どんな読み方であろうが、こんなときの漢字はまるで関所を通る通行手形のようだ。いくら被告人が日本語に長けていても、不慣れな手続きの流れをすべて理解できるとは限らない。気をとりなおして書類を目の前に差し出しながら通訳人に自分を引き戻す。

「この漢字であっていますか？」

指でその部分を指し示すと、被告人は、ネー、ネー、クロッスムニダ、と韓国語で答える。

「はい、はい、そうです」と私も被告人の言葉を日本語に換えた。

（もし、前みたいに裁判官に後で聞かれたら、ちゃんと説明しよう）

——この場合は、スンとエがくっついて、エの母音にその前のン、Nの音がのっかって、発音上はスネになるのです。文法上は連音化と言います……。

しかし、どんなふうに伝えても、被告人が言った「……私のなまえ、ゆっくり言ったら、パク・スン・エ。でもふつうは、パク・スネ。どっちでもいいです」の説明には勝てそうにない。

日本で暮らしながら似たようなことを尋ねられることがたびたびあったのか、それとも公判前の取調べで似たような場面があったのか、あっけらかんと話す彼女の言葉は淀みがない。どうにも通訳のリズムがつかめないまま審理は終わった。被告人が退廷した後の傍聴席を見ると、次の事件の関係者が腰をあげて準備に入っている。

名前のことは漢字で確認できた時点で済んだようだ。裁判官は私に何も尋ねない。

仕事は終わった。

急いで荷物をまとめて席を立ち法廷を後にする。

ルビのかけひき

裁判所から起訴状が送られてきた。

封をあけて折り目を伸ばしながらザッと目を通す。最初に電話で聞いていた被告人の名前と、書面の名前が同じなのか確認するためだ。

（あれ……？）

被告人の名前は金梅子だったはず。

確か担当書記官が、「被告人は漢字で表すと、キンギンの金、梅の木の梅、子どもの子、日本語読みで、きん・うめこさんです」と、電話の向こうで伝えていた。聞きながら反射的に、キム・メジャさん、と頭の中でハングルの音に換えたら、続けて書記官が、「国籍が中華人民共和国となっています」とも付け加えた。中国国籍の被告人なのに、韓国語の法廷通訳人が呼ばれるということ……。

朝鮮族の人[1]かもしれないと推測した。

[1] 朝鮮半島にルーツを持つ朝鮮民族（韓国では韓民族と呼ばれる）は世界に広がっている。出身地域ごとに歴史的背景も生活スタイルもさまざまである。その中で朝鮮族といわれるのは、中華人民共和国の国籍を有する五十五ある少数民族のうちのひとつだ。戸籍の民族欄に「朝鮮」と登記されており、中国語と朝鮮語を両方学び使える人が多い。中国東北部に多く住んでいる。

後日届いた起訴状には、電話で聞いたとおり漢字で、金梅子、と書かれてある。そしてその文字の上には、ジン・メィツ、とルビがふられてある。

（金さんが、キムさんじゃなくて、ジンさん、かぁ……）

それは金梅子、という姓名のおそらく中国語読みなのだろう。

視覚的には同じ漢字の金さんなのに、きんさんやキムさんが、ジンさん、という耳慣れない音に変わっていた。言語が変われば同じ漢字でも当然読み方は変わる。頭では理解できるのだが、中国語を知らないせいか音へのぎこちなさが否定できなかった。

中国にいる朝鮮族の人は、日常的に中国語も使いながら朝鮮語も使っていると聞く。が、込み入った話はやはり朝鮮語がメインになる人が多いらしい。それだけ生活用語として朝鮮語が使われる頻度が高いのだろう。

還暦をすぎたこの被告人もふたつの言葉を自在に使えた。それは担当の国選弁護人に接見

同行した時にわかった。弁護人はたまたま中国語のできる先生で、接見室へ入ると、

「ニイハオマ」

と中国語で挨拶をして、ごく自然に中国語で世間話を始めたからだ。

壁が四方に迫る接見室で、私にわからない言葉のやりとりが続く。頼りなげに見える初老の女性が中国語で弁護人と挨拶をやりとりする様は、しおれかけた花が水を得ていくようで不思議だった。

「では、これから公判の練習をかねて質問していきますね。通訳をお願いします」

弁護人が突然言語の切り換えスイッチを換えたように、日本語で話し始めた。

弁護人が名前を確認する。それを韓国語で通訳すると、

「キム・メジャです」

耳に馴染んだ淀みないハングルの音が戻ってきた。戸籍のような公文書は中国式の読み方で、でも普段自分たちが使っているのはハングル読みのキム・メジャなんです、と控えめに説明する。遠くにいた被告人が、すっと私のもとに駆け寄ってきた気がした。


ところが、初公判の日。

いつものように人定質問から始まり、裁判官が被告人に名前を尋ねた。

「お名前は?」

「チン・メイーヅです」

（……チン？……ジンじゃなくて、チン？）

私には確かに、チン、と聞こえた。この音のままに伝えるべきか？　だが手もとの起訴状には、ジン、とある。どう伝えるべきなのか、裁判官や弁護人の耳にはどう届いたのだろう。チン、か、ジンか。チ、なのか、ジ、なのか。

それに名前も、メィッではなく、メイーヅと聞こえた……。

裁判官から、起訴状にある漢字を被告人に確認してもらうよう指示が出る。助け舟が出たような気がする。読み方はいろいろでも、こんなときは日本も韓国も中国も、同じ漢字文化圏であることがありがたい。

被告人に起訴状の名前の所を示しながら通訳すると、あっさり、はい、そうです、と、頷いた。これで起訴状にある名前と彼女が同じ人であることが確かめられた。

しかし彼女は本当に自分の姓名を見て、はい、そうです、と言ったのだろうか。少し震えている被告人の目線の先にその漢字が定まった場所に存在しているのか、そこまで確認できない。

すると横に座っていた弁護人がその場に立って裁判官に伝える。

「あのう。金、という漢字の中国語での正しい発音は、チン、なんです。ただ起訴状に、ジン、とあるのは……。ピンイン表記、つまり中国語ローマ字をそのまま日本語ローマ字で読むと、ジン、になるので、それがカタカナ表記になったと思われます」

ピンイン表記、という単語が、ピーンヒョーキ、と聞こえる。

ピーン。

ピーン。

うんうん、と裁判官が頷きながら、

「今からまとめて伝えますのでそれを通訳してください」

そう前置きをしてから被告人に話し始めた。

「被告人、あなたのお名前、中国語では、チン、さんですね。ただ、起訴状には、ジン、と書かれています。起訴状のルビの訂正はしませんが、それが正しい発音でないことは、裁判所のほうで了承しています」

きんさんが、キムさんになって、それからジンさんで、チンさんになった……。

裁判官の言葉を通訳しながら、私が伝えた〈チン〉や〈ジン〉の音がきちんと伝わっているのか半信半疑で様子を窺うと、これから始まる審理を前に、ただうつむくばかりの被告人がいる。

〈チン〉も〈ジン〉も、〈きん〉も〈キム〉も、彼女の名前に違いはない。そして金梅子さんはそんなことから一切遠い所で、こわばった体を証言台にあずける。

揺れるポニーテール

（本当に三十五歳なのか？）

目の前の女性と、起訴状に書かれた年齢がどうしても一致しない。

頭の高い位置でポニーテールに髪をまとめたピンク色のゴムのせいだろうか。それとも贅肉ひとつ無いすっきりした小柄な体格のせいだろうか。どう見ても二十歳前後にしか見えなかった。

「被告人は日本語に通じない[1]のでこの法廷では通訳をつけます。通訳人、宣誓してください」

[1] 「日本語に通じない」とはどういうことなのか。

法廷で使う言語については、裁判所法第七四条で「裁判所では、日本語を用いる」とある。

そして、刑事訴訟法第一七五条に「国語に通じない者に陳述をさせる場合には、通訳人に通訳をさせなければならない」とあり、民事訴訟法第一五四条では「口頭弁論に関与する者が日本語に通じないとき（略）は、通訳人を立ち会わせる」となっている。「国語に通じない者」と「日本語に通じないとき」の表現の違いが興味深い。

裁判官にうながされいつものように通訳人として宣誓をしてから審理が始まった。

ひとつずつ通訳していく。が、彼女はいずれの質問に対しても、通訳が終わる前にパッと日本語で答えた。容貌からは想像できないような低めの声を聞きながら、

（三十五歳はまちがいでないらしい……）

と拍子抜けする。堂々としたそのふるまいは、年相応に社会経験を積んできた証のように理解できた。

落ち着いた表情には迷いがない。喉の奥底から条件反射的に飛び出る日本語には、プライドや気負いのかけらも見えない。

（今日、この人には、通訳しなくても、いいかもしれないな）

しかし勝手に通訳を止めてしまうわけにもいかない。ついさきほど、通訳人選任手続きを経て、宣誓まで終えたのだ。

（どうしましょうか）

そのままほおってもおけず、裁判官の顔を見て目で尋ねた。

すると、こくり、と裁判官が軽く首を縦に振る。

（このまま、ちょっと様子を見ましょうか）

そんなふうに指示が出た気がして、弁護人を見ると、無言のままだ。

（ああ、もう彼女の日本語でよくわかりました、ということなんだな）

と判断し、彼女の言葉――日本語――に、触らぬまま、次の手続きに入っていった。

被告人には公判前に弁護人の接見に同行して一度会っている。国でいろいろあって数年前に来日した、生活の糧を得るためには夜の仕事しかなかった、オーバーステイがこれほど悪いこととは知らなかった、と淡々と話していた。

オーバーステイは不法残留者とも言われるが、この出入国管理及び難民認定法違反[2]で裁かれる女性がかかえる事情は不思議なぐらい似通っている。私が裁判所で出会ったケースは男性か金が絡んだケースがほとんどだったように思う。少し例を挙げてみる。

[2] 「出入国管理をめぐる近年の状況」（法務省平成二六年版）によると、二〇一四年の不法残留者数は二〇一三年に比べ四・八パーセント減、過去最高だった一九九三年に比べると八〇・二パーセント減になっており、二〇一五年現在この罪名で起訴され裁判になる件数は年々減少している。

たとえば男性との事情を抱えた被告人の場合。

日本に来て男性と知り合い交際を始めた、もしくは韓国で付き合い始めて男性に会いに日本にやって来た、とする。

男性が独身で真剣に交際した場合は結婚につながり、彼女たちは配偶者ビザを取得して日本での滞在資格を得るので、更新さえ真面目にすればオーバーステイになることはあり得ない。が、結婚生活が破綻し、韓国籍のまま離婚すれば配偶者ビザがなくなり、その後のビザ変更などの手続きを怠って、期限が切れればオーバーステイになる可能性がある。

一方、男性に家庭がある場合はややこしい。

もし男性が家庭を捨てて女性と同居しながら「離婚するから」と言っても、離婚が成立して婚姻関係を結ばない限り配偶者ビザは取得できない。また、いわゆる愛人関係や内縁関係の場合は言うまでもなく、滞在期限を過ぎれば自動的にオーバーステイになってしまう。

よっぽど潤沢な生活費や小遣いを男性からもらっているケースを除き、私が裁判所で会った女性はほとんどが自分で稼がなければならない立場にあった。

では何をして稼ぐか。言葉も充分でなく違法な状態にある彼女たちができる仕事といえば、食堂の清掃や皿洗い、手っ取り早いのはホステスなど夜の仕事くらいしかない。

しかし収入があっても立場の不安定さは変わらない。男女のこじれた関係を清算するために、男性や男性の家族が、女性がオーバーステイであることを警察に告げ強制的に帰国させるケースを何度も担当した。

金が絡む場合はもっと厳しい。たとえば韓国で大きな借金がある場合。借金ができた背景としては、商売で失敗したケース、家族の病気など家の事情、クレジットカードの乱用など浪費のツケで借金がふくらんだケースなどがある。まともに働くだけでは到底返せない金額を返済するために、彼女たちは海を渡って夜の仕事に就く。あいだに「業者」が入ることもあり、監視役のママがいるラウンジなどでホステスをさせられることもある。

ずいぶん以前のことだ。

起訴状の職業欄に「売春」と記載されたオーバーステイの事件があった。売春が職業として成り立つのかと非常に驚いたものだったが、まだ少女の面影が残り伏し目がちに裁判を受けた女性は、借金の返済のため他に方法がなかったと公判で述べた。

しかし一方では、冷静に自分の置かれている立場を受け止め割り切っているしたたかな女性もいる。中には、もう日本ではやるだけのことはやったからそろそろ帰るわ、とちゃっかりウィンクしてくるタフな人もいるぐらいだ。

けれども、そのほとんどが心の奥底になんらかの傷を負っている。通訳をしているとそのあたりが透けて見えてくることがあるが、言葉にならない限りは気づかぬふりを押し通さなければならない。

被告人質問になった。弁護人がいくつか質問してから、こう尋ねた。

「日本に来るのは何回目ですか」

「はじめから日本で働こうと思ってきたのですか」

質問を韓国語に通訳すると、彼女は横でじっと耳を傾けている。そしてやはり、

「はい、にかいめ」

「ちがいます。はじめはかんこうでした」

と、あっさり日本語で答えていく。さきほどから裁判官は何も言わない。

(このまま、通訳しなくてよいのだな)

と、彼女の日本語を聞きながら黙っていたら、横から弁護人が、

「通訳さん!」

と声をかけてきた。

「はい?」

「あのですね、今の被告人の答えですけど、『被告人が、〈はい、にかいめ〉、〈ちがいます。かんこうでした〉と日本語で言いました』と、韓国語に直してください」

(………?)

まるで何かの台本を読むみたいな文言。どこからどこまでがひとつのフレーズなのか、ぼやっとすると耳の向こうへ流れてしまう。急いでメモ書きしながら答えた。

「わかりました」

通訳をサボっていたのをたしなめられたような、後ろめたい気持ちまで湧いてくる。裁判

官の指示をうかがう余裕もなくなり、弁護人が要求したとおりに、
「被告人が、〈はい、にかいめ〉、〈ちがいます。かんこうでした〉と、日本語で言いました」
と言った。いや、韓国語に〈通訳〉した。裁判官は黙ったままだ。

弁護人は被告人の利益を最優先に考えなければならない。彼女がすらすら日本語で答えていても、もしかしたら聞き取りや表現で、意味を取り違えているかもしれないと考えてもおかしくない。法廷通訳人が入っている以上、この審理は〈日本語に通じない〉人が裁かれる公判だからだ。

しかし、だ。それならどうして弁護人は彼女に、「お国の言葉で話してください」とストレートに指示しなかったのだろう。推測するに、彼女が日本語で話すことを尊重しながら、「……と、日本語で言いました、と、言ってください」と要求してナレーションのような文言を通訳人に言わせ、彼女の裁判で重要な部分だけでも正確を期した内容を公判調書[3]に残そうとしたのだろうか。

[3] 「だれがそれを、きめたんだ」の[1]（52頁）参照。

争いのない自白事件では裁判官が弁護人や検察官に向かって「要約調書でかまいませんか?」と聞くことがある。どちらもあっさり「はい」と同意している様子をみながら、（えっ? これって要約されるの?）と思うことがある。一語一句ありのままに、正確に、直訳で、と法廷で通訳している身としては、自分が通訳した言葉が調書へ文字で記される段階で

どのような文章になっているのか気になる所である。なめらかな日本語や文章に編集され要約されているのか、〈意訳〉されたようになってはいないのか、確かめたことはない。要約調書は刑事訴訟法で認められている。

ところで、法廷で彼女が話した日本語は、「……と、日本語で言いました」という弁護人の注釈が必要な〈日本語〉だった。

とりようによっては、いくら日本語が上手でも、いくら意味が通じても、発音やイントネーションが違えばまちがえる可能性をはらんでいて、疑ってかかるべき、と、解釈できなくもない。

発音やイントネーションの違う日本語を聞くと、その人の生まれ育ちが日本国内でないことを想像させる。つまり〈外〉から来た人が話す〈ニホンゴ〉だと理解する。耳に届く形は〈ニホンゴ〉なのに、まわりにあふれる自然で耳に引っかからない〈日本語〉と区別しようとするのは、〈ニホンゴ〉と〈日本語〉の距離を不安に思う気持ちからだろうか。それとも、自分たちとは違うもの、見慣れぬもの、未知なるものへの防御や警戒の気持ちからだろうか。

苦い記憶が意識の底から湧き立つ。

高卒後に渡韓してほとんどゼロから韓国語を学んだ頃、覚えたての韓国語で初対面の人と会話をするたびに、

（……ああ、そうなの）

と、眉をひそめるかのような構え方をよくされていた。それは私が使った言葉が明らかに彼らの〈韓国語〉の発音やイントネーションとは異なる〈カンコクゴ〉だったからだろう。

彼女は通訳人である私の感触として、法廷での日本語の聞き取りは五割から七割はできていたような気がする。それが証拠に弁護人が通訳人に、「……と、日本語で言いました、と、言ってください」と指示した後、法廷で日本語を使うのをぴたりと止めてしまった。彼女自身が弁護人の日本語を理解できていたからだ。

弁護人はおそらく自分の仕事に忠実であろうとしただけだったが、果たして彼女にそれがきちんと伝わっていただろうか。ハンパなことば、つかいません）

（はいはい、わかりました。私が彼女だったら、

とひねくれてしまいそうだ。

彼女が話した日本語は本当に簡単な単語だったり短いフレーズだったりした。

仕事は？「みずしょうばいです」

何時頃まで働いていましたか？「十二じぐらいまで」

生活はどうでしたか？「くるしかったです」

ご家族は？「かんこくに、います」

ご両親はいますか？「ちちは、しにました」

連絡はとっていますか？「はい、ははに、でんわ、ときどきしてました」

すべて私の耳には〈日本語〉として届いたが、裁判手続きでは危うい〈ニホンゴ〉になってしまう可能性があると弁護人は判断したのか。

そんなふうに考え始めると、では私が使う韓国語はどうなのか、と、だんだん心許なくなる。

通訳人として宣誓して選任されたり、公判調書に「通訳人某を介する」とあったりすることだけで、法廷での私の〈カンコクゴ〉はホンモノとして守られている。その居心地の悪さは、弁護人のひと言を耳にして自分のニホンゴをあっさり見切った彼女の潔さの前にいっそう深くなる。

予定調和のような執行猶予の判決が出た後、彼女は一度も後を振り向かずに法廷を後にした。勢いよく揺れるポニーテールは年相応に笑う。

もう、そんなこと、どうでもいいから、さよなら。

バーの向こう

イヤリングに手をやりながら法廷に入った。丸い玉が正面を向いているか指でさぐる。ゆるんで位置がずれていないだろうか。もう一度耳たぶの後ろのネジをきつく締めた。うっかり落としたりしないように。ヌナとまっすぐ向き合えるように。

これから始まる弟の公判を傍聴しに今日もきっとヌナはやって来る。

そして、法廷と傍聴席を区切るバーをはさんで私のまん前に座るのだろう。

「あなた、今日は、集中力、ぜんぜん、だめね」

初公判から数えて何回目かの公判の時、ヌナから突然ひと言投げられた。休憩時間の時に廊下に出ていて、一瞬のすれ違いざまだった。

弟から見た〈姉さん〉という意味を表す〈ヌナ〉その人は、いつもノーメークに近い装いだったが眉と口紅だけはきっちり引いている。大きな瞳のよく似た、誰が見てもすぐに肉親だとわかる姉弟。言葉を聞くと二人とも日本暮らしがかなり長そうだ。

公判が始まった頃、私とよく似た年格好のヌナが法廷の外で言葉をかけてきたことがある。

「ハングップニセヨ？（韓国の方ですか？）」

その時は咄嗟に返す言葉をさがせないまま、曖昧な笑みだけ浮かべ会釈してその場を立ち去った。

事件は背後関係が複雑で共犯者もおりそれぞれ主張が違っている。強盗致死という罪名以外にも起訴された件数が多く、メディアで報道されたせいか毎回傍聴人も多かった。その席に座る誰が誰なのか、どういう関係者なのかこちらは知る術もない。ヌナを含め事件の関係者とは距離をおきたかった。

それともうひとつ、なめらかなヌナの韓国語の前で気後れする自分を見せたくなかったこともある。

（やっぱり……）

確かにその日は自分の訳と原文との距離が感覚的になかなか縮まらなかった。そのズレが通訳するスピードや声質に微妙に出ていたのかもしれない。

しゅうちゅうりょく、ぜんぜん、だめね、は、弟のためにしっかりやってください、という姉からのメッセージと解釈するのはたやすいが、公判ごとに感じるヌナの視線はそれだけでない気がした。

ふたつの言葉のやりとりに身を沈めながら、私に向けられるヌナの視線が回を重ねるごとに不満気なものになるのを感じていた。法廷通訳人を務める私の韓国語や語感へのフラストレーションが積み重なっているのか、もしかしたら通訳そのものへの不信感なのか。

厳しいヌナの指摘だったが、私語は避けたい。黙って法廷内の自分の席に戻った。ヌナの弟は重刑も予想されている。裁判はまだまだ続くのだ。1

1　裁判の期間は、裁判員裁判制度が始まる以前は、否認事件の場合数週間から一ヶ月に一度ぐらいのペースで審理をすることがよくあった。合議裁判で複雑な事案では判決まで数年かかることも珍しくなかった。

ヌナが座るのはいつも傍聴席の最前列で、被告人席にいる弟の斜め後ろだ。向かい合う法廷通訳人とは距離にして二、三メートルぐらいだろうか。

ヌナは椅子の背もたれに寄り掛からない。少し前屈みになって正面を見すえるように座る。その日ヌナは顔色があまりよくなかった。口紅がとりわけ黒ずんで見えた気もする。共犯者の担当弁護人がきつい口調で弟に質問を重ねていた。

問い、答え、問い、答え……。内容に熱が入れば入るほど通訳の存在は忘れられ、一文ずつが長くなる。

どんどん訳していかなければツケはこちらにまわってくる。

挙手。

長すぎれば手を挙げて通訳を差し込んでいく。話の流れが遮られ、ためいきが漏れる。通訳。そして問い、答え……。

(……!)

弟の陳述の中で、チクッとひとつの韓国語が引っかかった。しかし弟の話は勢いにのって止まらない。

公判通訳の中で一番怖いのは誤訳だ。

わからない単語や表現があればできるだけその場で聞きなおして確認し、必要があれば訂正しなければならない。

(どうしようか……)

流れを止めてそのひとつの単語を確かめるには話のスピードが速すぎる。

前後の脈略から(いける)と判断した。送った時間はずいぶん長く思えたが、一秒にも満たなかっただろう。前後の文章がつながるように弟の韓国語を日本語に換えていく。

間髪入れず、傍聴席から鋭い声が上がった。

「つうやくが、おかしい!」

かん高い、けれども腹に力の入った強い声。つうやく、の〈つ〉の字が〈ちゅ〉の音で耳に届く。

ヌナの瞳がふだんよりいっそう大きく見開かれている。

（つらやく、が、おかしい⁉）

ヌナの険しい視線をバーのこちらで受け止めながら、彼女を思い切り視野から外した。外すことで、なんとかその場に踏みとどまろうとした。

感情を殺す。

顔色を変えないことに気持ちを集める。

あの単語だ、と、思い当たるものの、それがどのようにおかしいのか、本当にまちがっているのか、ならば正しい通訳はどうなるのか。この場でヌナや弟達と直接話し合って、まちがった方が「すみません」と言って済む話ではなかった。

弟は何も言わずじっとしている。

他の被告人たちも黙っている。

弟の担当弁護人がヌナに向かって、しいっ、と唇に人差し指をあてた。

「今の問いの答えをもう一度やりなおしてください」

裁判長の指示で審理が再開されたが、話者の表現はその時々で微妙に変わる。ヌナは唇を嚙み、弟はさきほどの韓国語を使うことなく答えを終えた。

公判が終わってから、

「誤訳があるかもしれないので確かめさせてください」

と裁判所に申し入れた。

通訳が入る公判ではやりとりのすべてを録音している。ヌナの指摘をそのままにして帰途につくことは到底できなかった。

誤訳の怖さが襲ってくる。

とうとうやってしまったのか。私は誤訳をしてしまったのか。いや、あれは誤訳ではなくて語感というものの違いにヌナが過剰に反応しただけではないか。

それぞれの人がもつ言葉の感覚には、日本語であれ韓国語であれ、個人差は当然存在する。言葉はとても主観的なもので、語感のものさしは持ち主によって変わってくる。その違いに想像力を巡らせることなく、一方的に誤訳だとひとくくりにされてはこちらだって身がもたない……。

弁解ともいいわけともつかない混乱した頭のまま、書記官室の片隅で公判テープを何度も聞き直した。

しかし、どこがどのようにおかしいのか、どうしてもわからない。辞書の問題の言葉のあるページをいくら見ても、納得のいく表現は出てこない。

かといって自分の訳が絶対に正しいと言える自信は、ヌナの一声でとうに失せていた。そのくだりの前後の音をすべてカタカナでひろって帰宅し、韓国語がネィティブの知人に電話をかけて事情を話した。

「ああ、それは……」

辞書に載ることのない、けれども通俗的なよくある話し言葉だと説明を聞きながら、それを知らなかったこと、そして微妙な母音の聞き取りをまちがえたことでまったく違う意味に訳してしまったことが浮き彫りになっていく。

ヌナの指摘は正しかった。

(私が、まちがっていた……)

大変なことをしてしまった。ほら、みなさいよ、とヌナが冷めた視線を投げてくる気がした。

誤訳とわかった以上は、語感の違いで済ますことは絶対に許されない。自分のまちがいを認めること、そしてできるだけ早く訂正することは、法廷通訳をする上で怠ってはならない鉄則だ。

眠れぬ夜を過ごした。窓の向こうで空が白み始める。こめかみが鈍い痛みでうずき続けていた。

誤訳をしてしまった。審理はどうなるのだろう。何か影響があったらどうしよう。とても重要な部分だとしたら、いったいどうしたらいいのだろう。そのことで被告人の刑期が重くなって、彼の人生そのものが変わってしまったらどうしよう。

そして思った。

これから私は「誤訳をした法廷通訳人」として裁判所に評価され、「仕事をまかせられない法廷通訳人」として覚えられるに違いない。誤訳をしたから通訳人候補者の登録を抹消されるとか、ブラックリストに載るとか、そんな内部規定があるのかどうかわからなかったが、この類《たぐい》の話はまちがいなく広まる。

これでいよいよ裁判所とは縁が切れるなあ、としびれ続ける頭でぼんやり思う。

朝九時になるのを待って、裁判所に電話をかけ、担当書記官に訳の訂正を申し入れた。

「……わかりました。裁判官に伝えておきます」

まるで予想していたかのように書記官はあっさり答えた。

次の公判の数日前に裁判所から連絡があった。通訳の交代も覚悟していたが、審理の冒頭で訂正についてやりとりすることにしたという。予定通り裁判所に出かけていつもの席に座った。

開廷し、最初に裁判官が口を開いて訂正の手続きを踏む。

「誤訳の箇所がありました。法廷通訳人からこういう申し出ありました。………　訂正します」

ヌナはいつもの席に座っている。

あえてヌナの表情をうかがうことはしない。

それからも、何事もなかったように公判は続き、ヌナとは会釈だけを交わす。

ヌナにはわかり、そして私にはわからない言葉が、確かにあったことが明らかになった。ところで果たしてわかっていないことは本当にその言葉ひとつだろうか。実はもっとたくさんのことを、私はわかっていないのではないだろうか。

ハングップニセヨ？（韓国の方ですか？）というヌナの声が耳の奥から聞こえる。私はその問いにまだ答えていない。

もういちど、イヤリングのネジをきつく締めた。

天井の高い合議法廷の扉を開き、通訳人席につく。

バーの向こう、ヌナの周りの空気が揺れる気配がしている。

裁判員裁判の法廷で

初めての裁判員裁判

耳慣れない単語

改装工事の音が騒がしい。

裁判所のあちこちで、裁判員裁判用の法廷や評議室などを作るために工事が急ピッチで進められていた。新しい公判廷ではふたつ続きの法廷の壁を取っ払ったり、大きくひとつになった法廷の内装をしたり、新しい傍聴席の椅子を入れたり、大きなモニターをつけたり、裁判官席を横に長く広げたり……。

裁判は毎日あるので、少しずつ部屋を移動しながら順番に手を入れていく。そうして新しい部屋が大小いくつもできあがった。

法廷通訳の予定があって裁判所に行き、塗り替えられてきれいになった廊下の壁をさわると、ツンと塗料の臭いが鼻についた。

（本当に、始まるのだなあ）
感慨よりは、不安の方が大きい。
これから、いったい、どうなるのだろう。
別の階から、ガガガガガ、と、ドリルの音が響いた。

裁判員裁判、という耳慣れない単語を聞いたのは、それより数年前にさかのぼる。✎1

✎1　二〇〇四年五月に「裁判員の参加する刑事裁判に関する法律」が成立し、二〇〇九年五月から裁判員裁判が始まった。審理に国民（選挙人名簿をもとに無作為に選ばれる）が参加して裁判官と一緒に、被告人が有罪か無罪か、有罪の場合はどのような刑にするのかを決める制度。二〇一三年度に行われた裁判員裁判では、判決が言い渡された一三八七人のうち一三四人に対して通訳人がついた。

今でこそよく馴染んだ単語だが、最初に聞いた時はサイバンインサイバンの音がしっくり来なくて、それこそどこか遠い国の言葉のようだった。
裁判官だけでなく、一般の人も一緒に参加する裁判の新しい形で、連日開廷の集中審理になるという。すべての事案というわけではないが、斬新でずいぶん思いきったことをするものだと思う反面、本当にそれが可能なのか、実現までいろいろ大変なことだろうと、他人《ひと》ごとのようにも感じていた。

そして徐々に具体像が公になっていく。裁判員裁判のポスターやパンフレットなどを目にするたびに、私には無関係だと言い切れなくなってくる。

(通訳の入る公判も、裁判員裁判になるのだろうか?)

(だとしたら、法廷通訳人は、いったいどうなるのだろう?)

裁判員裁判になれば刑事訴訟手続きの流れが大きく変わる。

当然のことだが法廷通訳人は法廷で通訳さえすればよい。が、大きく制度が変わった後もそう言い切れるのか。

それまでは、裁判官、検察官、弁護士、という法曹関係者の中で、否認事件の場合は数週間から一ヶ月に一度それも数時間ずつ、という環境の中で仕事をしてきた。

それが新しい制度になると、裁く側に一般の人が加わってなおかつ連日開廷で一気に判決までいくという。

その中で、法廷通訳を、する?

(まさか、要通訳事件は、裁判員裁判になることはないだろう)

(対象事件からはずしてくれるだろう)

新しいサイバンインサイバンは、他人ごとのままでよいと思った。しかし蓋をあけてみればそれは甘い判断だった。要通訳事件も裁判員裁判の対象になるらしい、そんな情報が流れ始めた。

法曹関係者の誰にとっても、裁判員裁判はゼロからのスタートである。

裁判所も検察庁も弁護士会も、右往左往し始めていた。模擬裁判、研修、広報……。裁判員裁判という新しい裁判の形をめぐり、まるで大きな地殻変動が法曹界の現場全体に起きているようだった。

裁判員裁判の法廷通訳に関しては、とにかく情報がない。

当然ながら、「おいおい、それじゃあ、裁判員裁判で通訳が必要な事件のケースはどうなる？」といった通訳を使う立場からの声が出て来る。さまざまな取り組みやメディアの動きもあって法廷通訳人への関心も遅ればせながら目に見える形になってきた。

しかし形が見えれば見えるほどに課題も浮き上がり、なかなか整理がつかない。提起されるさまざまな問題点は理解できるのだが、裁判員裁判での法廷通訳人の〈姿〉がどうしても見えてこない。

（結局は、実際に法廷に入って試行錯誤することからしか始まらないのか……）

私は裁判員裁判の通訳はしません、と断ってしまえばそれまでだったが、それまで裁判所で研修講師などをしていた流れなどを考えると、連絡が来たらいつものように、

「はい。私、やります」

と即答する自分がいるのは目に見えていた。現場に立つ人たちが試行錯誤することになるのは、他の法曹関係者も同じようなものだろう……。

裁判所から連絡が来たら、その時考えよう。そんなふうに開き直って腹をくくるしかなかった。

それにしても、耳慣れないサイバンインサイバンという単語を韓国語ではいったいどう訳したらよいのか。

幸い韓国語は日本語と同じ漢字語圏に属する。「裁判員裁判」の漢字をそのままハングルの音に換えて読むことは不可能ではなかった。

しかしそれが韓国語として成り立つのか。理解してもらえるのか。

韓国では日本より少し前に国民参与裁判制度[2]という、似たような制度がスタートしていた。似たような制度だから「裁判員裁判」を「国民参与裁判制度」という単語に換えて伝えれば、少しでも韓国から来た人に〈わかりやすい通訳〉になるだろうか。

[2] 韓国の国民参与裁判制度は二〇〇七年に法律が成立し、二〇〇八年一月から試験的に導入された。審理の迅速化やわかりやすい裁判をめざすこと、国民の社会常識を反映させて裁判への信頼を高めること、など日本の裁判員制度の目的と通じる点も多い。

一方で、日本の裁判員にあたる陪審員は有罪か無罪かの判断のみ行い、どのような刑にするかの判断は行わない。また陪審員の負担を減らすため、三日以上かかる事件は国民参与裁判の対象外にしている。

しかしこの〈わかりやすい通訳〉ということは、法廷通訳の場合とても悩ましい。直訳が原則のこの世界では、相手に〈わかりやすい通訳〉を法廷通訳人がどこまで担ってよいのか線引きが難しい。

（やっぱり、チェパンウォンチェド、……か）

これは日本の制度なのだ。「裁判員裁判」の漢字をそのままハングル読みに換えた「チェパンウォンチェド」を、何度も音にして口に馴染ませる。

こんな時、漢字語圏でない国の言語を担当する通訳の人たちはどうしているのだろう。その国々の制度や言語の中から近い表現をさがして当てているのだろうか。

裁判所の資料によると二〇一四年四月時点で六十一言語、三九四四人が通訳人候補者名簿に登録しているという。[3]

[3] 『ごぞんじですか法廷通訳―あなたも法廷通訳を―』（平成二十七年度版、裁判所）より。法廷通訳の現状や研修、刑事裁判の流れ、法廷通訳Q&Aなどが載っている冊子で、年度ごとに裁判所から発行されている。

同二十六年度版にある「通常第一審事件で通訳人の付いた外国人事件の判決人員（平成三年～平成二十四年）」のグラフや、「法廷で使用された外国語（平成二十四年）」のグラフを見ると、法廷通訳を世相の変化の中でとらえることもできる。

それはつまり、六十一通りのサイバンインサイバンという単語が存在することを意味する。

各言語を担当する通訳人が一堂に集まって、順番にそれぞれの言語で「サイバンインサイバン」という新しい単語を披露する光景を想像してみる。そんな機会は決してあり得ないだろうが、あればいいなあ、あったらいいなあとも思う。そしてそれぞれの工夫や悩みや苦労話を聞いてみたい。

不安な気持ちを追い払うように、「チェパンウォンチェド」の単語を繰り返し繰り返しつぶやく。

一本の電話

傷害致死、という罪名が裁判所からの連絡で電話の向こうから聞こえてきた時、それが裁判員裁判に該当する事案であることはすぐに理解できた。✎4

✎4　裁判員裁判に該当する事案とは、殺人、強盗致死傷、強姦致傷、傷害致死、危険運転致死、保護責任者遺棄致死、覚醒剤取締法違反（営利目的の密輸入）、現住建造物等放火、身代金目的誘拐など。

被告人は六十代の女性だという。

（とうとう、……来た！）

カウントダウンのような賑やかさの中、全国初の裁判員裁判が行われ、法廷通訳人が入った裁判員裁判の報道もちらほらされていた。

ああ、やっぱり、本当に始まったのだと思いながら、私の所へも依頼が来るかもしれない、いや来ないにこしたことはない、と、そわそわ落ち着かない日々が続く中での連絡だった。

訴訟は一件ずつたとえ罪名が同じでもすべて違う。以前どこかで聞いたベテラン裁判官の、

「訴訟は生き物ですから」

という言葉が、ずっと頭の隅に残っている。

裁判は百件あれば百件とも皆違う。そして否認事件になればシビアさは格段に増す。

日本では起訴されて裁判になれば九十九パーセント以上無罪はあり得ないという。また、同じ有罪でも、たとえば刑務所に何年入るか、執行猶予が何年になるか、と、数字によっては、被告人にとって人生そのものが変わる切実な問題になる。

生き物、と表現した裁判官の言葉は、私にはとても重い。

どんな事件でも、これが正解だという教科書はあり得ない。そして、どんなに小さな事件でも、どんなややこしい事件でも、同じように気を抜かず、慎重に、丁寧に、そして謙虚に向き合いなさい、と教えられているような気もする。

（単独法廷の裁判も、裁判員裁判の裁判も、法廷通訳人が行うことは同じだ）

そう自分に言い聞かせながら、依頼を伝える電話を握った手のひらは汗ばんでいた。

彼女に最初に会ったのは、裁判員裁判の公判が始まる前に踏まなければならない公判前整理《こうはんまえせいり》手続き[5]の法廷だった。

5　最初の公判期日の前に、裁判所、検察官、弁護人の三者が争点と証拠について整理し、審理計画を立てる公判前整理手続きは、裁判員裁判に先立ち、二〇〇五年から導入された。非公開の手続きである。

被告人が必ずその期日に法廷に出る義務はないが、希望すれば出ることも可能で通訳を必要とする被告人の場合は法廷通訳人も同席する。この手続きでは、専門的なやりとりを裁判官がまとめたものを被告人に通訳して伝えるが、被告人が直接意見を述べたり質問したりすることはない。

この公判前整理手続きという耳慣れない単語も、やはり裁判員裁判に関連していつのまにか現れていた新しい手続きだ。

（前より、ずっと、広くて明るい！）

指定された法廷は、裁判員裁判用の法廷にすっかり生まれ変わっている。傍聴席の椅子の淡い桃色が目に優しい。部屋全体が大きいせいか天井も高く感じる。通訳人席は以前と同じように書記官席の隣になるのだろう。後ろの裁判官席に目をやると、木製のテーブルが緩いカーブを描いていて、その奥に裁判官用三つ、裁判員用六つの計九つの椅子がある。

カタン。

背の高い書記官が法廷の扉の鍵を内側からかける音が小さく鳴った。これで外からは人が入れない。この新しい手続きは非公開なので外から覗かれることもあってはならない。そのため入口の扉の小窓の上から事務用のコピー用紙が貼ってあった。切り取られたようにそこだけ白い四角になって浮いている。

拘置所の職員にはさまれて彼女が法廷に入ってくる。

深い皺が一本、眉間に伸びている。白髪混じりの髪の毛が大柄な体格の肩から背中へかかっていた。黒っぽい上下のトレーナー姿。ぐっと口元に硬く力を入れてはいたが、彫りの深い表情にほとんど変化がない。裁判所から、片方の耳が少し遠いと聞いていた。

お酒を飲んだ状態で同居男性の頭に怪我をさせ、数日後にその男性が亡くなった件で彼女は被告人になっている。怪我と死亡の因果関係その他について、検察側と弁護側の主張に大きな隔たりがあった。

二人選任された国選弁護人、そして公判担当の検察官に初めて会う。

「よろしくお願いします」

と、互いに頭を下げ挨拶を交わした。これからこの法廷で判決が出るまで共に仕事をする人たちだ。それぞれの役割はまったく違うし近しく過ごすこともない。しかし最低限の関係性と意思疎通は図りたい。それは先方も同じだろう。

「被告人は、日常会話ぐらいなら日本語、わかるんですが、込み入った話になると……。これからどうぞよろしくお願いします」

二人のうち、若い弁護人が話した。その傍らで年配の弁護人が頷きながら聞いている。姿勢のよい検察官が少し離れた所からこちらに目をやっていた。

弁護人の接見には独自に手配した男性通訳人が同行しているという。

(接見に、ついて行きたかったなあ……)

弁護人の接見に同行できれば、被告人の言葉や状況について〈予習〉できる。弁護側の情報が入りすぎたり、被告人との距離が近くなりすぎるリスクは十分に承知しつつも……。

どうも今回は弁護人の接見同行ルートで〈予習〉する道はなさそうだ。なのでことさら、本番(裁判員裁判)前の公判前整理手続きに同席できることはとてもありがたかった。

彼女はどのぐらい日本語がわかるのだろう。声の大きさや理解力はどの程度だろう。そして耳が遠いということも気になる。どちらの耳が、どのぐらい聞こえないのか。

被告人について気になることは、この手続きを通して情報収集するしかなかった。

開廷。

裁判長が通訳人に宣誓を求めた。中肉中背、丸顔の、物腰の柔らかい裁判長だ。

それまでこの裁判官とは別の審理で何度か顔を合わせたことがあった。もちろん法廷の外で接触したことはない。しかし審理のあいだ、見えない所でさりげなく気を配ってもらった印象が残っていた。これから一緒に仕事をすることに不安は感じない。左右に若い裁判官が座っていた。[6]

> [6]　裁判長の右に座っている人が右陪席裁判官、左に座っている人が左陪席裁判官。右陪席裁判官がいわゆる中堅、左陪席裁判官がいわゆる若手の構成で、真ん中にベテランの部総括判事の裁判長が座って三人の合議体で裁判をする。

証言台へ進んだ。

「宣誓、良心に従って、誠実に通訳することを誓います」

せんせい、の、せの字を読みながら、いつものように下腹部に力を入れた。非公開なので傍聴席には誰もいない。通常の初公判のような張り詰めた空気はない。

被告人の耳が遠い、ということが気になり、すこし大きめの太い声を出した。

被告人は弁護人二人の隣に座っている。つまり彼女は今証言台に立った私の右手側に位置する。宣誓書を朗読した後、

（このぐらいの大きさなら声は届いている？）

と、さりげなく彼女を見たが、まったく反応がない。というか私のことを見ていない。目はうつろで視点がきちんと定まっていないようにも見える。

裁判長がその様子を見て、被告人に向かって大きくゆっくり尋ねた。

「被告人！」

彼女がハッと前を向く。

「今の、通訳人の声は、聞こえますか？」

日本語で、被告人、と呼ばれたのが自分だとわかっている。左の耳を差し出しながら、うん、うん、と頷いた。

(聞こえにくいのは右なのか……。左で、聞こえていたにしては、それにしても反応が鈍いなあ……)

今日の手続きはじっと座っていればよい、と気が緩んでいるのか。

それとも裁判そのものがどうでもよくなっているのか。

まるで能面をかぶったような表情の薄い彼女の顔が首の上に乗っかっている。

日を変え数回続いたその後の同じ手続きで、彼女の右耳の遠さや左耳の聞こえ方、そして理解度などを測っていった。

しかし徐々に焦りが募ることがひとつあった。この手続きでは肝心の彼女の韓国語を聞く機会がないのだ。

裁判員裁判はそれまでと違って本来の原則である口頭主義[7]に重きが置かれるのだという。つまり彼女の韓国語を法廷通訳人がどう通訳するかによって、裁判官や裁判員に与える印象も変わる可能性があり、量刑を決める判断材料にもなり得るということだ。

7　裁判員裁判では法廷での審理内容を裁判員にもわかりやすいものにするため、従来の裁判官だけによる書面主義（捜査機関が作成した供述調書の重視）から、裁判員が法廷で、直接見たり聞いたりして理解しやすい口頭主義（立証を口頭で行うこと）の重要性が見直されている。

いったい彼女はどのような韓国語を話すのか。方言は、イントネーションは、滑舌の程度は、そして語彙力は、表現力は……。彼女の韓国語を、どうしても初公判まで聞いておきたかったが、そんな私の気持ちとは無関係に審理日程やスケジュールが刻々と定まっていく。

法廷でわずかに発した韓国語といえば、

「…ネー（はい）。……アルゲッスムニダ（わかりました）」

「…クレソ（それで）、……アア（ああ）、ネー（はい）……」ぐらい。かろうじて方言がきつくないことぐらいは推測できたか。

声質はくぐもって細い。しかしこれは状況にもよるからまだわからない。興奮して一気に話し始めるとか、今のところそんな素振りは見せないが、これも公判でどうなるかわからない。

しかし、手続きを要約して通訳しながら、ふとした拍子に彼女の顔がかすかにゆがむことがあった。

被害者の男性が怪我をした時の状況。

そして亡くなった経緯。

弁護側は、飲酒の影響による偶発的な事故で怪我と死亡の直接的な因果関係は認められないと主張している。それに反し検察側の主張は被告人の暴行が死亡の直接的な原因だとしてその責任を追及している。

無意識のうちに左耳をさっと傾ける時は、彼女が一番知りたい話に体が素直に反応しているようだった。

自分の置かれた状況の厳しさを、やはり彼女はわかっている。裁判が近づいていることも、そして私がこの事件の法廷通訳人であることも、彼女は充分理解して受け止めている。

教科書のない始まり

寝不足と緊張で頭の芯がじんじんしている。

あと四十分で裁判員裁判の初公判が始まる。

法廷の横に準備された待機室で、法廷に持って入る資料、電子辞書、筆箱、ハンカチ……、など、そわそわとさっきから持ち物ばかりをいじっている。

もう一人、通訳に選任されたMさんも緊張のせいか押し黙ったままだ。

だいたい、どうしてあんなに準備する書面が多いのか。目を通して訳さなければならない書類が裁判員裁判になってやたら増えていた。

一番多いのは証拠書類だ。8

8　裁判員裁判が口頭主義をとることにより、法廷通訳人の仕事には大きな変化があった。以前は、採用された証拠書類については、「はい。それでは提出してください」と裁判官のひと言で済んでいて、法廷で一部朗読するケースを除いては、原則的に法廷通訳人は目にすることのない書類の束だった。

ところが裁判員裁判ではそれらをすべて法廷で朗読しなければならないという。当然、日本語で朗読された内容は韓国語に換えて朗読しなければならない。つまり通訳人は、裁判所が採用した証拠書類を、朗読用に事前に翻訳しておかなければならない（不同意の部分は読めないよう空白になっている）。証拠書類には、被害者、被告人、関係者の供述調書の他に、さまざまな手続書や報告書、現場見取り図、医師など専門職従事者が作成した書類、鑑定書……など、極めて専門的な書類が多い。辞書にない単語や表現も多く、インターネットも参考にしながら翻訳することが多い。

またそれ以外にも、検察側、弁護側の冒頭陳述書や証人への尋問事項などもあって、できるだけ早くもらえるよう、裁判所、検察官、弁護人にお願いしてあった。

とても協力的に動いてくれたが皆それぞれに忙しい。またこちらとしては、（これは通訳人に渡す必要のない書類だから）

と思われるようなものでも、もらえるものは一枚の書類でも入手したい。そして準備に備えたい。

その傍らで単語リストを作成し、Mさんと打ち合わせをし、予習と暗記を重ねる。他の仕事や家事をしながら時間のやりくりをする。どうしても夜寝る時間を削るしかない。そしてプレッシャー……。

そんなわけで初公判当日には既にふらふら状態だった。初公判までようやくたどり着いた、という感じだった。本番はこれから始まるのに。

法廷に入る時間まであと三十分になった。廊下の外で傍聴人だろうか、人が動く気配がする。

「体調に気をつけて、がんばろう」

「判決まで、ベストを尽くそう」

Mさんと私はどちらからともなく声を掛け合った。

裁判員裁判で二人通訳は私もMさんも初めてのことだ。Mさんとは裁判所の研修講師で一緒になることもあり、コミュニケーションも自然にとれて信頼関係も充分な旧知の間柄だった。

この事案では、証人も多く、また通訳にも時間がかかるということで、土日をはさみ十日間という審理の日程が決まっていた。

たとえ土日をはさむにしても朝から晩まで連日十日間の法廷通訳を一人でするのは不可能なことだった。何よりも体力気力が持たない。公判前整理手続きを踏む過程で裁判所から複数通訳の提案があり、私も当然了解した。そしてMさんに声をかけさせてもらった経緯があった。

(二人でするから、わからないことがあったらお互いに補い合える)

(疲れて訳の精度が落ちてもフォローし合える)

(席がくっついていたら、声を出さずにメモ書きなどで指摘し合える)

そんな安心感でホッとする一方、新しい心配事も湧いていた。

(フォローするということは、自分が休む時間も休めないということだな)

(たとえば、ひとつの単語の訳の表現が微妙に違っていたらどうしようか)

(互いに譲り合えなくなった場合、どうしようか)

法廷通訳にかかわらず、通訳者はいくら同じ言語担当でも、言葉の背景がそれぞれに違う。またどちらの言語が母語なのかによっても訳し方に温度差がある。それぞれ語感の違いはあって当然で、これが気になり始めると、他人の通訳は耳元でうるさいだけのただの金属音になってしまう。各々のプライドまでからんでくると、法廷通訳人がひとつの訳をめぐって、瞬時に納得したり譲ったりすることは、そう簡単なこととは思えない。

そしてそのやりとりを、裁判員たちの前で〈披露〉してしまうことになったら……。

（ちょっと、通訳さんたち、ちゃんとできているの？）

と、無用な不信感を抱かせることにはならないか？

もしそれが裁判に影響を与えてしまったら？

やはりこれも、実際に法廷に入って試行錯誤することからしか始まらないのだろうか。


あと十分で法廷に移動しなければならない。

待機室に転がしてきたキャリーケースには、準備したチョコレートや飲み物を詰め込んである。なにがあっても体が資本だよね、これが終わったら少しは体重減っているかも、などと軽口をたたき合った。

心身のコンディションをコントロールすることは、目に見えない自分との戦いになる。調子を崩して、「すみませんが、できません」は、裁判員裁判では通用しない。

タイムテーブルのようにきっちり組まれた審理計画（もちろんそこには休憩や昼休みの時間も入っているが）は、あくまでも計画だがそれに従わなければならない。なぜなら裁判員になる人を、決められた日程を越えて呼び戻すことはできないからだ。

「ちょっと、審理が延びそうなので日程を延長します」

もし裁判員にそんなことが言えたら、法廷通訳人も少しは気が楽になるだろうか。

たとえば、出て来た単語がわからなくて調べる時間が欲しい時。たとえば、予想より疲れ方が激しくて休憩時間以外にも休みたい時。たとえば、自分が訳した言葉をさかのぼって訂正したい時。

以前の公判では、そんなことを申し出れば期日を変えたり、休廷したり、とイレギュラーなことが許される時間的な余裕があった。しかし裁判員裁判では、止めること、待ってもらうことはできない。

そしてこれは法廷通訳人だけの話ではない。検察官も弁護人も、そして裁判官も、決められた日程の中ですべてを終えなければならない。半端でない体力と集中力、そして重圧感の中での仕事になる。


廊下に出て、法廷の扉を開けた。

傍聴席を埋めた大勢の人。記者席を示す白いカバーが目に飛び込む。

ずっしりと重い公判資料を手にしながらバーの中に入った。

（あれが通訳か）

そんな視線が、さあっとこちらに集まる気がする。Mさんと体を寄せるようにして互いの席に着いた。

通訳人の机は椅子とテーブルがくっついたキャスター付のもので、Mさんの分とふたつ準備されていた。

（小さい……）

テーブルの部分が小さくて愕然とする。メモ書きの用紙やら書類やら辞書やら、あれもこれも広げたかったが、位置も考えるとこの種の机がベターだったということか。

被告人が法廷に入って来た。

大きい山のような拘置所の男性職員と、若い女性職員にはさまれている。

弁護人が座る横の席に座りながら彼女がさっと傍聴席に目を走らせた。

（だれか、家族とか、知っている人でも来ているのだろうか……）

表情は相変わらず読み取りにくい。伸びるにまかせた長髪に白髪が少し増えた気もする。眉間に走る一本の皺だけがいっそう深くなっていた。

今日は白いブラウスに紺色のカーディガン、黒いパンツですっきり見える。裁判員の先入観を排除するために、被告人も身なりを整えて入廷することが増えたと聞いていた。こうして見ると、街のどこにでもいるような初老の女性だ。

事前の打ち合わせで、通訳人は常に耳の遠い被告人の横か後ろに座ることに決められていた。大阪でも法廷通訳人は書記官席の隣に座って、逐語通訳したりワイヤレスマイクで書面を韓国語で同時朗読することが多くなっていたので、かなりイレギュラーな形だと言える。

公判前整理手続きの時に、ワイヤレスのイヤホンを彼女の左耳につけてテストしたことがあったが、「よく、……聞こえない……」の一点張りだった。

耳の奥から漏れ出る通訳人の声に違和感があったのか、耳の中の冷たい器物に拒絶感があったのか、とにかくどうしても、イヤホンから音が聞き取れないという。結局裁判長の判断で、同時朗読の時も彼女の後ろに座り、彼女の背中を見ながらウィスパリングをすることにしていた。✎9

✎9　裁判所では、話者がある程度のまとまりを発言した後に随時、通訳をはさみ込んでいく逐次通訳と、ワイヤレスマイク（「わたし、通訳いりません」37頁）を使った同時朗読がよく使われる。

人定質問、起訴状朗読、黙秘権の告知、罪状認否などの冒頭手続き、被告人質問、証人尋問、判決文朗読、控訴、執行猶予の説明、などは逐次通訳である。特に被告人質問や証人尋問は録音しているため、話者と通訳の声が重ならないよう気を配らなければならない。

早口だったり、話が長かったり、興奮したり、声が小さかったりする人の場合は、通訳を差し込むタイミングが難しい。私の場合はその都度、（通訳するのが難しいです）と伝わるように手を挙げたり、裁判官に言ったりする。すると裁判官は「通訳が入りますからゆっくり、文章を短くして、落ち着いて、大きな声で、話してください」と注意する。これは被告人や証人に限らず、検察官や弁護人にも当てはまることである。

冒頭陳述、証拠、論告、弁論などの書面は、ワイヤレスマイクを使った同時朗読になる場合が多い。一度、書面に集中して下を向きながら朗読していたら被告人から「あの……、さっきから聞こえていないんですけど」と声が上がったことがあった。初めにマイクテストをしていたのに、電波の関係かイヤホンの角度のせいか、途中から聞こえないのにそのまま我慢していたらしい。それ以来、ワイヤレスマイクを使う時も、朗読しながら被告人を〈置いてきぼり〉にしないよう、書面から時々顔を上げては被告人をチェックしている。

ウィスパリングとは、聞き手の後などについて小声でささやくように通訳することを指す。また、同時通訳は話者の発言を聞きながら同時に通訳することを指す。どちらも私が法廷で仕事を始めた頃は大阪で一般的に使われていたが、今回のような特別なケースを除き原則的に使われなくなっている。

彼女の横に大きな拘置所の職員がくっついている。机をできるだけ彼女に近づけようとするが、がっちりした職員は、これ以上近づかれたら困りますから、といわんばかりに肩をいからせる。

(だいたい、このあたりか?)

弁護人や被告人、拘置所職員の背中と法廷の壁のあいだに潜り込むような位置に机を定めた。そしてMさんと交代のタイミングなどを最終確認した。

法壇の扉が開いた。

見慣れた黒い法服姿の三人の裁判官と一緒に、私服の裁判員が入って来る。

一人、二人、三人……。六人いる。

大学生風の人、主婦風の人、会社員風の人、年金暮らし風の人……。

男女半々ぐらいか。年齢もまちまちだ。彼らはこの十日間、一番の方、二番の方、三番の方…、と番号で呼ばれる。合計九人が法壇の上にずらりと並ぶ姿を下から見上げた。模擬裁判などで見たことがあったが、本番では初めて見る光景だ。うわぁ、と思わず息が漏れた。

彼らは今朝呼び出し状を持って裁判所にやって来た（裁判所に来ること自体が初めての人も多かっただろう）。そして抽選して（落ちて欲しいと願ったか?）、選ばれて（うれしかったか?　がっかりしたか?）、初めて起訴状の概要とか（傷害致死!?）、日程とか（十日間!?）、通訳が入る事件であることとか（通訳!?）、もろもろを知らされた。

促されるままにぞろぞろと廊下を歩き、ひとつの部屋へ来て扉が開いたら、向こうに人で埋まった法廷が、ぱあっと広がっていたというわけなのだ。いったいどれほどめまぐるしいことだったろう。

そして思う。

（裁判員は、法廷通訳ということをどれだけ知っているのだろう）

（通訳が入る公判、ということで、待ち時間とか、通訳にかかる時間を待つあいだをイライラしないだろうか）

（裁判員は直接質問する機会も与えられている。わかりやすい言葉で話してくれるのか）

「それでは開廷します」

裁判長の大きな声が法廷いっぱいに響く。

（……こんなに大きな声が出る人だったんだ……）

それまでの物静かな印象と違った姿に当惑する。優しげな顔が今日は引き締まって見える。私も相当緊張していたが、裁判長も同じなのだろうか。

通訳人の宣誓は公判前整理手続きで済ませていたのでここではもうしない。最初は私が通訳に入り、Mさんがフォローに入ることにしていた。審理計画に従って、おおよそ六十分前後、切れ目のよい所で交代することにしていた。座席はとにかくくっつけてもらった。二人で一人、と初めから印象づけてもらいたかった。

冒頭の手続きに入る。

「それでは被告人、証言台の前に来てください」

証言台に立つ彼女の横に私も机ごとくっついて移動する。その後を追うようにMさんも机を引っぱりながらくっついてくる。

「名前を言ってください」

「……＊＊＊……です」

「国籍はどこですか?」

「……韓国です」

「日本国内での住所はどこですか?」

「……大阪市……＊＊＊＊です」

「職業は何ですか?」

「……ありません……」

韓国語に通訳した質問を聞いてから、ぼそぼそと彼女は韓国語で答える。音が唇の奥にこもって聞きとりにくい。裁判員たちがじっと彼女を見つめている。通訳しながら、私も真正面から視線を感じる。しかしまともに前を見る余裕がない。

裁判長が黙秘権の告知を始めた。

「被告人には黙秘権という権利があります。言いたくないことは答えを拒むこともできるし、初めから終わりまで黙っていることもできます。答えたい質問にだけ答えて、答えたくない質問に答えないこともできます。そのことで不利益を受けることはありません」

裁判長がひと息入れながら向き合っている私に目をやる。

(ここまで通訳してください、ということだな)

さりげない呼吸だったが、以心伝心のようなリズムをつかむことができれば互いに間《ま》が取れてとてもやりやすくなる。気持ちが少し落ち着いた。いつものようにすればいい。

「ピゴイネゲヌン（被告人には）……」

メモ書きしていた裁判長の言葉を目で追いながら韓国語に直していく。

黙秘権に関する告知は初公判で必ず裁判官が被告人に伝える文章だ。内容は決まっているが、しかし裁判官によって表現は毎回微妙に変わる。韓国語に翻訳した定型文をそばに置いて読み上げる方法もあったが、この告知を一言一句そのままメモをとって通訳する作業は、その裁判官の話し方やリズムをつかむのにいつも効果的だ。

訳し終える。裁判長の顔を見て軽く頷いた。それを引き継ぐようにまた裁判長が続ける。

「けれども、あなたがこの法廷で話したことは、あなたに有利になろうが不利になろうが、この裁判の証拠になることがあります。なので、話す時はそのことを念頭に置いて話すようにしてください」

ひと息置いて、「けれども」のひと言を意識しながら横に立つ彼女に向かって韓国語に直していった。

彼女はというと、告知を聞きながらすっかりその場の風景に溶け込んでいた。というより自分の気配をできるだけ消そうとしているかのようだ。

弁護人からおおよそ説明を受けていたのか、法壇から注がれるたくさんの視線にたじろぐ風でもない。その代わりに、法壇を見ようとする気配もない。

あんなに、たくさんの視線が注がれているのに。今までと違う裁判が、本当に始まっているのに。そんなことは彼女には、どうでもよいことなのだろうか。

審理が本格的に始まった。

しかしなぜかいつものようなリズムがつかめない。初公判が始まる前からの疲れと緊張感を引きずっていたせいか、慣れない二人通訳のせいか、疲労のたまる速度が速いような気がする。

通訳作業を交代して休んでいるあいだも、訳語のチェックの手を休めるわけにはいかない。そのぶん訳が正確になる安心感はあったものの、この状態が連日続くと、いったいどうなるのか。まったく想像できなかった。

事前にMさんと約束したことがある。

明らかな誤訳、たとえば白を黒と訳したような場合はその場で指摘すること。相手の訳に違和感があっても、それが語感の違いの範囲と判断できる場合は相手の訳語を尊重して様子を見ること。それらの互いのやりとりは、口頭ではなくメモ書きで行うことなど……。そしてよく使われるであろう単語もピックアップして統一した訳語を準備していた。

しかし、実際に法廷に入って通訳していると約束どおりにはなかなかいかない。

横で聞いていて、（あれ？）と思うことも、いざ自分の番になって訳し始めると、その（あれ？）と感じたこと自体が自分にはね返り、訳語の選択があやふやになって混乱してくる。

覚えたはずの用語がすぐに出てこなくて、単語リストを取りだそうにも分厚い資料のどこにあったかすぐに探せなくて慌てる。そしてメモ書きよりはお互い声に出して確認することも増えていく。

時間はもちろん止まってくれない。裁判員たちの視線も気になる。

どんよりした空気を振り払うように休憩時間になれば二人で待機室に飛び込んだ。そしてチョコレートをかじったりコーヒーを飲んだりしながら、次のシーンに頭を切り替えることに専念した。

教科書のない始まりは、まだ始まったばかりだった。

背中を見ながら

彼女はじっと目の前に座っている。

審理では警察官、検察官、医師などの証人尋問が順次続いていていた。が、直接彼女の知り合いではなかったせいか、自分とはまったく無関係の人をながめるような無関心さで、背中から私やMさんの通訳を聞いている。

専門職に就く証人の言葉は、いつでも実体のない記号のようだ。

特に今回の医師の証人尋問では分厚い鑑定書をもとにしたやりとりが続き、医学用語、数字、アルファベットが縦横斜めに入り交じり、学校の理科室にあるような人体模型まで登場した。

裁判員にもわかりやすいように、と、証言台に立った医師は柔らかい表現とゆっくりしたペースで穏やかな話し方に努めている。

しかし訳しながら内容を全部理解するのはとても無理だ。通訳人にそこまで求められてはいないのもわかるのだが、言葉の上澄みだけをすくって韓国語に換えている気もして落ち着かない。

裁判員は一生懸命耳を傾けている。

（するべきことは、言葉を訳すことだ）

思い直してまた目の前の作業に集中する。

被告人はまさか眠ってはいなかったと思うが、反応がない。

ただ聞くだけの状況でも自分に納得のいかない話が出たら、横に首をふったり、弁護人に話しかけたり、と何らかの反応がありそうなものだが、それがまったくない。

（通訳がきちんと届いているのか？）

時折不安になって彼女の顔をのぞこうとすると、大きな拘置所の職員が、ちょっと待った、と体をあいだに差し込んでくる。裁判官も弁護人も何も言わないのだから、このまま進めるしかないのだろう。

聞き手が目の前にいるのに、彼女の背中は無言のまま立ちはだかる。その無言の背中に向かい、まるで一人芝居のように私とMさんは韓国語の話者を交代で演じる。

今はまだ証人の日本語を韓国語に直している段階なので、彼女は黙って聞いていれば済む。だがこれから被告人質問が始まる。被告人の韓国語の言葉が、私やMさんを通して日本語に換えられ裁判員に伝わる。私たちの訳によって万一彼らの判断に、なんらかの予断や妨げを与えることになったら……。

審理日程が中日に入り、被告人質問の時間が迫っていた。

二人の疲れは、「乳酸がむちゃくちゃたまってるなあ」と、冗談も冗談にならない、笑うに笑えない状況になっていた。緊張感が続くせいか夜の睡眠もあまり質がよくない。家に戻れば家事などできるだけ手抜きをして休息をとることを優先していたものの、訳さなければならない書面や気になる単語や表現が日ごとに出てくる。床についても眠りは浅く、夜中に何度も目が覚めてしまった。

担当書記官が、初公判からずっと声をかけてくれる。

「気がついたことはありませんか」

「何か要望はありませんか」

要望と言われても何をどう伝えれば良いのだろう。

とりあえずふたつのことだけお願いしておいた。

ひとつめは裁判員の質問の声をもう少し大きくしてほしいということ。

裁判員から証人への質問が思ったより活発にあって、質問内容も、「この人の職業って、いったい、なに？」と驚くような専門的なものが続いていた。一方で、これは通訳を介する裁判ということが念頭にあったのか、皆、一文ずつ短くわかりやすい表現で質問してもらえたのはありがたい。そんなことも併せて裁判員に伝えてもらうことにした。

そしてふたつめとして、被告人質問の時は少し大きめの机を証言台の横に準備してほしいことを伝えた。書類や辞書を横に置いてメモ書きのスペースがどうしてもほしかったからだ。

検察官、弁護側からは、冒頭陳述書など主な書類はほとんど初公判前に届いていたものの、証人への尋問事項まではなかなか手がまわらないらしい。

特に、主尋問の骨子はなんとか事前にもらえることが多かったが、反対尋問の場合はそう簡単ではない。というのも反対尋問は、法廷で主尋問の答えを聞いてからそれに反論したり突っ込む内容を組み立てる側面もあって、

「早めにください」と言って、

「はい、わかりました」と、事前にもらおうとしてもたやすくいかないことが多い。📎10

📎10 証人尋問は、検察官と弁護人が交互に行う。裁判所に証人の取調べを請求した側が最初に主尋問を行い、次に相手方が反対尋問を行う。必要に応じて裁判官の補充尋問もある。

それよりも、裁判所も検察官も弁護人も、初公判前よりさらに自分たちのことでいっぱいいっぱいの印象がある。

しかしいっぱいいっぱいはこちらも同じだ。よい子になってじっと受け身で待つばかりというわけにもいかない。配慮を求めることと、通訳に必要なことを要求することは、別なことだ。

（必要なことはどんどん申し出ないと……）

そう思いながらも、実際に審理が始まると、あれほど事前に準備したにもかかわらず、何が必要なことなのか、それすらわからなくなる慌ただしさがある。

進行の早さ、書面の多さ……。これも年月が経てばそれぞれの経験値をもって解消できる問題になるのだろうか。

被告人質問の時間に入った。

通訳人用の机が大きくなっていて、ホッとする。

席に着いてから、被告人の位置、距離、目線、やりとりの順番、をシミュレーションしながら頭の中で描く。そして各話者の顔が見える位置になるよう机を調整する。書画カメラ、マイク、拘置所職員の椅子、Mさんの机……。広く思えた裁判員裁判用の法廷だったが、こうしてみると意外に狭い。

私は彼女の左側に座っている。ずっとながめていた背中ではなく、真横の息づかいがそのまま感じられる距離だ。被告人への理解が通訳人を介して裁判官や裁判員に伝わる。模擬裁判でも研修でもなく、これは現実だ。

「弁護人＊＊から質問します」

若い方の弁護人が椅子から立ち上がり、机の上の資料を片手に持って続けた。

「＊＊＊さん、通訳された質問をよく聞いて答えてください。聞き取りにくかったり、質問の意味がわからなかったら、いつでも手をあげて止めてくださいね」

名前で呼ばれてピクッと反応した彼女は、横から弁護人の話を韓国語に直すと静かに頷いた。

弁護人の質問。韓国語へ通訳。

彼女の答え。日本語へ通訳。

事件までの生活や飲酒について、同居男性とのこと、事件当日のこと、今の気持ちなど、淡々とやりとりが続く。

（ずいぶん落ち着いている）

弁護側の主尋問だったこともあり、接見を重ねて準備や練習をたくさんしていたのかもしれない。事前に通訳人用として受けとっていた主尋問の骨子に沿う形で質問は続いた。

非公開だった公判前整理手続きの時と同じような声のトーンとペース。被告人に有利な質問だったこともあって、答えに感情的なムラもなく穏やかな受け答えだ。だから通訳の間もとりやすい。

裁判員も、なるほどなあ、といった感じで抵抗感なく聞いている雰囲気が伝わってくる。

検察官がそのやりとりをメモしている。さらさらさらと、ペンを動かす音が私の左横から聞こえる。

これが終われば検察官側の反対尋問が始まる。起訴した側、つまり罰してくださいと主張する側の質問なので、今度は当然厳しい質問が予想される。反対尋問の骨子は、まだもらえていなかった。

(このまま静かに済むだろうか……)

反対尋問で、被告人が苛立ったり怒ったりするのはよくあることだ。時にはわざとそう導くことで、矛盾点やほころんだ点を突く。表情が激変したり、人が変わったようになって驚かされる人もいたりして、その微妙なやりとりを通訳する時は相手の感情に流されることなく水平に自己を保たなければならない。そうでなければふとしたはずみに感情の渦に巻き込まれてしまう。そこに引きずり込まれてしまえばこちらも平常心を失って通訳に支障が出てしまう。

前日から始まった被告人質問は、朝から再スタートして、午後に突入していた。体がだるい。頭が重い。昼ご飯を食べた後のせいか、全身に石ころがつまったみたいだ。検察官が裏返しにした数枚のA４の紙を渡してきた。これから始まる反対尋問の骨子だ。昼休みを返上して準備をしたのだろうか。プリンターの熱がほんのり残っていた。

被告人がまさかその書類をのぞいてくるとも思えなかったし、二人の弁護人は被告人の向こう側に座っていて、私からは距離がある。それでも裏返しにして通訳人に渡すということは、「取り扱いに注意してください」という意味なのだと解釈しながら、もらいたての原稿にざっと目を通した。

「検察官＊＊の質問を始めます」

ベテランらしい検察官は自分の名前を告げながら背筋を一層ピンと伸ばす。裁判員の存在を意識しているのか、大きい声で丁寧な話しぶりだ。

彼女の顔が硬い。これからどんな質問が始まるのかわからないからだろうか。さきほどまでの主尋問の時とは明らかに違う。

検察官の質問。韓国語へ通訳。

彼女の答え。日本語へ通訳。

警察や検察での取調べのこと、同居男性とのこと、事件当日のこと、さきほどの弁護側主尋問で答えた内容について、厳しい質問や、聞くことがためらわれるような内容が続く。

次第に彼女の肩が小刻みに震え始めた。横にいると、その波が伝わってくる。表情をうかがう。眉毛と眉毛のあいだの肉が盛り上がって、縦一本の皺がいっそう深くなる。目の光が険しくなる。怒りの感情が、顔を覆った膜のようなものをめくりあげる。口元がゆがむ。呼吸が乱れる。

しだいに質問に答える彼女の言葉に激しさが増してきた。言葉は韓国語だったが、語気の荒さは何語であろうと聞いている者にダイレクトに伝わる。その激しさを消さないようそのまま日本語に換えていく。

裁判員たちは、ほうっとした顔付きで彼女を見つめる。彼女はどんどん前を走る。通訳が入るとか、そんなことは、すっかり忘れてしまっている。

（もう少しゆっくりお願い。きちんと訳さないと、あなたが言いたいことも、きちんと伝わらない）

置いていかれないように、彼女と距離があかないように通訳する。

私は通訳人であって役者ではない。だから彼女の動作まで真似る必要はないのだが、激高する言葉にうっかりすると引っ張られて、こちらまで身振り手振りを交じえそうになる。

顔色ひとつ変えず延々と質問を投げる検察官に向かって、ぼそっと彼女が言葉を投げた。

（ヨクソリだ!……これはどう訳したらいいのか？）

なにげないつぶやきでも法廷で発すれば言葉とみなして訳さなければならない。彼女が発したひと言に戸惑いMさんを見た。Mさんも固まっている。意味はストレートに伝わるが、それを日本語にどうやって直してよいのか咄嗟に判断がつかない。

ヨクソリと呼ばれる、いわゆる罵り言葉の通訳はとても難しい。ぴったりくる表現がなかなか見つからなくて、

（こんな日本語の表現では、とても足りない!）

と思うこともしばしばだ。特に性に関わるヨクソリは、「おまえのかあちゃんでべそ」式ではとても足りないきつい表現で、韓国独特の風習とか歴史背景まで伝えないと理解しにくい側面もある。こんな時は本当に苦しい。

頭の隅をつつき、可能な限り彼女が言ったヨクソリに近い日本語の語彙を見つける。通訳人の解釈が入って説明にならない程度に、そして過度にならないような表現にして通訳する。

「異議あり!」

検察官の質問をさえぎり横から年配の弁護人が大きな声で叫んだ。続けて何か言っている。

質問をしていた検察官が黙る。

しゅうっと、やりとりのテンポに穴が空いて緩む。

ぴたっと通訳を止める。

裁判長の指示を待つ。裁判長が何か検察官に指示している。

裁判長が手続きの内容をまとめる。それを通訳する。✎11

✎11　尋問の最中に、それを聞いている相手方から異議が出されることがある。尋問の方法が適当でない場合に行われるもので、不当に誘導するような尋問、威嚇的、侮辱的、重複すると思われる時だという。
　法廷通訳人にとって「異議あり」のひと言は突然やって来る。検察官であれ弁護人であれ、静かな声の時もあれば、こちらがビクッとするほど大きな声の時もある。裁判所が両方の意見を聞いてその異議を認めるかどうか決定する。法廷通訳人はそのあいだ通訳を止めて待っている。そして裁判官が「通訳人、それでは今のやりとりをこう伝えてください。………」とまとめた内容を被告人に伝えるケースが多い。

検察官の尋問再開。

通訳を始める。

延々と、検察官と弁護人の激しいやりとりが続く。

彼女は低い声を腹の底から絞り出して、自分の言いたいことや反論を話し続ける。その姿は、初公判の日の、できるだけ気配を消そうとしていた彼女とは別人のようだ。

いや、あの日の彼女も彼女だし、今、目の前にいる彼女も彼女に違いはない。ここに至るにはさまざまな事情があったはずだ。そして事件の関係者それぞれにしかわからない複雑に絡み合った背景があったはずだ。

Mさんと私はスケジュールに従って交代しながら通訳していたが、夕方あたりに二人の疲労はピークに達した。互いに訳しながら足りない所、欠けた所は、フォローし合うことを再確認したものの、どちらが通訳担当で、どちらがフォロー担当だったのか、その境界がだんだんぼんやりしてくる。

昼休みの時、書記官に、

「本当にだめになりそうだったら、ストップを入れさせてもらいます」

と伝えてはあった。しかし、一度すり込まれた審理スケジュールが頭から離れない。以前のように、

「どうしてもダメです。休ませてください」

とは簡単に言い出しにくい。直接接触することはなかったが、連日法廷で顔を合わす裁判員の顔が、それぞれ目に馴染んでいた。彼らの上にも、疲労の色は刻々と濃くなっていた。

そしてある場面で、とうとう私とMさんのバランスが崩れた。

(これは、これでいい?)

(いや、これはこっちになると思う)

ひとつの単語の訳について二人の意見がなかなか一致しない。公判前に主な訳語のすりあ

わせは繰り返し行っていたが、実際に始まると、さきほどのヨクソリのように予想もしていなかった単語や表現が出てくることがある。

電子辞書をひき、前後の文章にあてはめて、こちらだ、いや、これじゃない、と二人でやりとりした。傍聴席の最前列には、弁護側担当の男性通訳人らしき人が初公判からずっと待機していた。全然知らない人だ。挨拶する余裕もない。ちらっと頭をよぎった。

(通訳が、チェックされているのだろうか)

弁護側が独自で準備したチェックインタプリター[12]の可能性も充分考えられた。それを思うとますます気持ちは焦る。

12　チェックインタープリターとは、裁判所が選任した法廷通訳人の通訳内容が正しいのかチェックする通訳者のことをいう。明確な制度やきまりはなく、誤訳防止のため弁護側から裁判所へ要望することもあるというが、二〇一五年現在裁判所が認めたという事例を聞いたことがない。

(正確な通訳を、しなければ)

しかし、より正確に、と思えば思うほど私とMさんは簡単に妥協できない。決して互いに誤訳ではなく、それぞれの語感と語感の違いを埋めるためだったが、解釈が真正面からぶつかりあってなかなか結論が出なかった。そして思わず口走ってしまった。

「だから、私の解釈では……」

言葉にしてしまった瞬間、ひんやりする。

（しまった……！　いけない!!）

〈私の解釈〉は通訳する上ではもちろん必要だ。しかし、法廷通訳人が〈私の解釈〉という文言を法廷で口にした途端、それは単に個人の自己主張として片付けられる危うさがある。

Mさんが口を閉ざし途方にくれながら私を見つめる。

裁判官や裁判員が、そのやりとりを法壇の上から見つめている。検察官も弁護人も、そして被告人の彼女もじっと待っている。

二人の通訳人がひとつの単語で試行錯誤する様子を、周りはどのように受けとめているのか。ひょっとしたら、この二人、ここで喧嘩を始めるのでは、と、ハラハラしていたのではないか。

なんとか互いに譲れる訳語を見つけてその場をしのぎ、その日の公判は終わった。

時計を見ると午後五時を過ぎている。弁護人たちはこれから彼女と接見するらしい。検察官の反対尋問を受け、補う部分や疑問に思うことを打ち合わせして明日の審理に備えるのだろう。ずっと待機していた男性通訳人が同行するらしく、同じように席を立った。へとへとになってバーの外に出ながら彼と目が合う。

「おつかれさまです」

どちらからともなく自然と互いをねぎらう言葉が出た。彼への構えた心が一気にほぐれる。

この公判で、審理後の弁護人側通訳までまかされていたらとても体がもたなかった。

待機室に戻って椅子に体をあずけ、Mさんと熱いコーヒーをすすりながら〈反省会〉をもった。

「あんなに、打ち合わせしたのになあ……」

「なかなか本番では、難しい……」

信頼関係が成り立った上でのやりとりで、互いの言い分はチョコレートの甘さにすぐ解けていったが、しかし、これはひとつまちがえると互いに大きなわだかまりを残す問題にもなり得ると痛感した。

通訳人は誰でも皆、自分の中にある〈言葉〉を信じて仕事をしている。それを二人通訳ということで、いわゆる同業者である相手から間近で否定されたり訂正されたら、良いコンディションの時でさえ、相手への感情はこじれる可能性が高い。こじれてしまって意思疎通が図りにくくなったらどうなるだろう。結果的には、公判でのスムーズな通訳作業の妨げになってしまう。

しかし、だったら通訳人は一人の方がよいのか。

確かにすべて自分のペースでできるから精神的には楽だろう。単語や表現のすり合わせ、互いのチェック、そんなことから解放されて、通訳だけに集中できる。裁判所からみても、ブレのない通訳を聞くことができる。私自身は確認したことがないが、巷で言われているように報酬も決まった金額を二人で割らずにすんで倍になるかもしれない。

けれども裁判員裁判はノンストップの連日開廷だ。蓄積する疲れという今までにない要素が加わる。

もちろん、同じ裁判員裁判でも自白事件か否認事件かで、中身も必要な期日も変わる、だからひとくくりに語るのは難しいという側面も理解できる。しかし明らかなことは、疲れが積み重なると確実に訳の正確性は落ちる、ということなのだ。

疲労は正確な判断を鈍らす。訳語選択の判断のみならず、自分が疲労していることすらわからなくなる。そして、絶対に法廷通訳人が犯してはならない、誤訳の可能性が出てくる。

たった一人の法廷通訳人が誤訳をしたら、いつ、誰がそれを訂正するのか。フォローする人はその時、法廷の中には誰もいない。


証拠書類の朗読もふくめ主な証拠調べはほとんど終わった。

あとは被告人の家族と被害者の家族の証人尋問が残っている。被害者の家族は被害者参加制度[13]を利用するらしい。

[13] 被害者参加制度は裁判員裁判開始直前（二〇〇八年十二月）に始まった。一定の事件で被害に遭った人やその家族が被害者参加人として法廷に出て、被告人に直接質問したり意見

朗読など考えを述べることができるシステム。被害者参加人にはまた別の弁護士がついて、一緒に検察側の席に着く。検察官の論告が終わった後に被害者論告を述べることもできる。

どちらも情状証人で、それぞれの立場から精神的にきついやりとりが予想される。感情と感情のぶつかり合いの中に身を置く場合、通訳には一層の冷静さが求められる。予想される感情を表す単語や表現を、手元にある資料に沿ってMさんと確認しておいた。

開廷。

被告人は弁護人の横の席に座り、私たちも審理開始の時のように彼女の後ろにつく。

弁護人、検察官の質問。

通訳。

証人の答え。

通訳。

裁判員、裁判官の質問。

通訳。

証人の答え。

通訳。

被害者の家族も、加害者になった被告人の家族も、やっとの思いで今この法廷に立ち会っている。まるで体をたくさんのピンで留めるようにして〈証人〉になっている。その憔悴した表情から、誰もがこのたびの事件で大きな打撃を受けたことがうかがえる。

どちらの立場の証人も、涙にまみれ、やり場のない感情を喉の奥でかみ砕き、そして言葉をつなぎながら証言する。

それを韓国語に換えて彼女へ届ける。

（聞いているのか？）

聞こえるはずの左耳の後ろから通訳するが背中は動かない。

拘置所の職員は、ずっと法廷でおとなしい彼女をどう判断したのか、いつのまにか普通の体格の人になっていた。彼女はそこにいるけれど、そこにはいない。もう自分がすることは何もかも終わったとでもいうかのように、動かない。

スイッチを切り替えたように、背中はすっかり一枚の壁に戻ってしまった。


公判日程も終盤に入った。

検察官と弁護人それぞれの意見をまとめた論告と弁論が通訳人のもとに届けられ始める。

少しでも早めにください、と、催促を重ねたこともあり、公判途中からおおまかな骨子はもらっていた。が、当然審理の過程を通して中身は刻々と変わる。バージョン１、２…と続いて届けられるたびに、訂正や変更箇所に引かれるアンダーラインは増えていった。

そして被害者参加人とその弁護人の陳述用の関係書類もほぼ同じ頃届けられた。

（……あと少し……）

論告求刑と弁論のある結審の日。最終バージョンの論告と弁論はいつ届くのだろうか。

「メールでも、ファックスでも、どちらでもかまいません。真夜中でもよいので完成したらすぐに送ってください。少しでも早く目を通して翻訳したいので。お願いします」

前日の審理が終わった後、検察官と弁護人に頼んでおいた。

「わかりました」

「了解しました。ぎりぎりになってすみません」

どちらも紳士的に答えてくれていたが、半分アテにして半分アテにしないでおく。彼らは彼らの仕事に追われている。

夜中に何度も目が覚める。幾度となくチェックしたが、やはりメールもファックスも届いていない。

夜が明けてくる。早朝の電話、弁護人なら通じるか。弁論を担当すると聞いていた若い弁護人に電話をかけてみる。携帯の番号を聞いておいてよかった。検察官の携帯の番号は公務員という遠慮があって聞くことが憚られた。

「すみません。あと少しです。裁判所でお渡しします。本当にすみません」

謝られても仕方がない。弁護人はおそらく徹夜。気の毒になってそれ以上何も言えない。

「少し早めに裁判所に行っています。すみません。どうぞよろしくお願いします」

早めに裁判所に着き、待機室で待つ。

開廷一時間前に検察官から論告最終バージョンが届く。やはり徹夜だったという。

同じ頃、弁護人からも弁論最終バージョンが届く。

検察官も弁護人も、目がしょぼしょぼしている。頬がこけた印象もある。

Mさんと手分けして、最終チェックをしながら翻訳を始める。

(……あと少し)

開廷。

検察官の論告に続き、被害者論告。Mさんが担当する。

「求刑＊年」

Mさんの通訳を聞きながら、彼女の背中が硬くこわばった。厳しい数字だ。

だいたいこのぐらいと、予想ぐらいはしていたか。ある程度覚悟はしていても、数字で突き付けられる現実は重い。

続いて被害者参加人の意見朗読が法廷いっぱいに響く。

傍聴席から嗚咽が漏れる。

Mさんの被告人の背中に向かって無心に通訳を続ける低い声を聞きながら気持ちを落ち着かせる。彼女の肩が心なしか上下している。

(……あと少し)

弁論。

交代して私が彼女の背中の後ろの席に着く。

若い弁護人はほとんど原稿を見ずに、裁判員に訴えかけるように、法廷の真ん中で弁論する。さきほど最終バージョンを渡してくれながら、

「すみません。順番どおりに読まないかもしれませんが、よろしくお願いします」

と言われていたので、やっぱり、という気がした。

弁護人はこれから評議を経て評決を下す裁判員に向かって、できるだけ被告人の刑が軽くなるように訴えなければならない。法廷通訳人への配慮云々よりは、被告人の利益が当然優先される。必要ならば後日あの男性通訳人を同行して被告人に弁論の内容を説明することも可能だ。法廷通訳人にとって裁判員裁判はノンストップだが、弁護人にとっても、検察官にとっても、同様にノンストップなのだ。

かといって、「ああ、そうですか。それでは法廷での弁論の通訳は適当にすませておきます」というわけにもいかない。

もらったばかりの原稿を目で追いながら通訳していたが、途中で原稿から目を離し、弁護人の声を聞きながら同時通訳に切り替えた。被告人の背中から韓国語でついていく。後ろから彼女の表情はまったくわからない。

(……あと少し)

一時間ほど続いた弁論が終わり、被告人の最終陳述が始まる。これが終われば裁判はほとんど終わりに近い。

ずっと脱いでいたジャケットを羽織った。

集中する。気持ちをしぼる。証言台の前に立った彼女の横へ、初公判の時と同じように移動式の机を移してもらった。

途切れがちな彼女の韓国語を日本語に換える。彼女の声をひろう。ひろうことだけを考える。いっそう高くなった傍聴席からの泣き声に、彼女の声がかき消されそうになる。

ひとつもこぼすまい。ひろって訳した言葉が次々手を離れていく。

裁判員たちがそれを見守る。何日間も同じ空間にいた、番号で呼ばれていた人たち。外で会うことも話すこともない人たちが、その言葉をたぐる。

結審。

そして閉廷。

裁判長と目が合った。一瞬のことだったが、長い長い間があった。

「おつかれさまでした」

そんな声が聞こえたような気がした。私も胸の中で、（おつかれさまでした）と伝えられた気がした。

決しておおげさではなかったが、裁判長には以前の審理の時と同様、わずかなタイミング、ちょっとした間で、さりげなく気を配ってもらった場面が何度かあった。仕事をする上ではそんな気配りが大きな力になることがある。法廷外で言葉を交わすことは今後もあり得ないだろう。その一瞬で気持ちは互いに伝わったと思いたかった。

魂が抜けたように、被告人が拘置所職員に両脇を抱えられ法廷から出ていく。その背中を、立ったままMさんと並んで見送る。

（……終わった……）

判決は数日後に宣告される。審理はこれですべて終わった。

無事に仕事を終えた安堵感と疲労感が一気に押し寄せ、全身から力が抜けていく。放心状態のまま、私もMさんも彼女が消えた扉を見ていた。

あれほど構えていた裁判員裁判も、終わってしまえば数多くの処理案件のひとつとして記録に載せられるだけのことだ。

番号で呼ばれていた裁判員は「おつかれさまでした」と日常の生活へ戻り、それぞれの名前を取り戻す。

裁判官や書記官は次の法廷の準備を始め、検察官や弁護人は書類がつまったカバンをぶらさげながら、やはり次の仕事の段取りを考える。証言に立った関係者も、それぞれの持ち場へ戻る。そして私もMさんも、一通訳人候補者へと戻る。

ただ一人、彼女をのぞいては。

彼女はあれから検察官の求刑の数字に近い刑期が確定した。日本のどこかの刑務所で、これからいくつもの季節を過ごさなければならない。

裁判制度が変わり、周りがいろいろ騒がしくなって、過去の公判で経験したことのない疲れに襲われながら、そして二人通訳であたふたしながら、しかし私の前には、喧噪の中にそびえる彼女の背中がずっとあった。

審理期間中、ずっと見つめ続けた彼女の背中の向こうに、それ以前に法廷で出会ってきた〈日本語に通じない〉被告人たちの存在が重なり連なる。

争いのない単独法廷であっても裁判員裁判でも、日本語に通じない被告人はただひたすら公正で適性な裁判を求めた。法廷通訳人の耳と口を借りて言葉の壁を行き来しながら、異国で裁かれることの厳しさを憶えた。

声にならない息づかいやまなざしは、通訳されることなく彼らの体に澱となって積もる。そして、うずまく感情をもてあまし、ひっそりと折りたたみ、心の奥にしまい込む彼らの様子を、法廷通訳人はこの耳で、目で、肌で感じる。

そして法廷通訳人は、その領域に足を踏み入れることはできない。決して踏み入れてはならないことも知っている。

気がつけば裁判所の改装工事がいつのまにか終わっていた。壁を通じて響いていたけたたましいドリルの音もすっかり止んでいる。裁判所では今日もどこかの法廷で公判が開かれている。

ありがとう（エピローグ）

大阪市営地下鉄御堂筋線の淀屋橋の駅から地上に出ると、頬がちぎれるような冷たい風が吹いていた。

大阪市役所の横から中之島公会堂に向かって伸びる欅の木々は、ほとんど葉のない枝を青い空に向かって伸ばしている。歩道に広がる枯葉を踏みながら歩いてゆく。堂島川にかかる水晶橋の階段をかけのぼると、裁判所が見えてきた。土色に近い大きな建物の向こう隣に明るい色の新館が建っている。

公判が始まるまで、あとしばらく時間がある。行きつけの喫茶店でコーヒーを飲んで行こう。

「いらっしゃいませ」

店の主人のやさしい声に招かれ、椅子に座った。

熱いカップを口元に近づけながら、法廷通訳人の自分を引っ張り出す。法廷と開廷時間を確認してから、今日担当する事件と被告人のことを考えた。

エレベーターで法廷のある階に昇った。

化粧室に寄って鏡に向かい、風で乱れた髪の毛と、コーヒーでにじんだ口紅をなおして呼吸を整える。鏡の中に、法廷通訳人になった私を見つける。

廊下に出て法廷へ向かう。

私が法廷通訳人に登録した当時は、廷吏という、法廷の中でいろいろな事務手続きをする人が廊下で待っていてくれた。

公判ごとに書類の手続きなどいろいろな窓口になってくれたので、かつては裁判所の中で通訳人と一番接する機会が多い人たちだったかもしれない。特別な会話を交わすわけでもなく、季節や天気といった世間話ばかりだったが、法廷という現場で長年培われてきた彼ら特有の雰囲気とまなざしに、私自身学ぶことも多く励まされていた。いつのまにか廷吏の人たちは姿が見えなくなって所属が変わり、代わりに事務官や書記官がその事務手続きを行っている。

被告人が法廷に入ってきた。

様子をさりげなく観察する。落ち着いているのか、興奮しているのか、泣いているのか、自暴自棄になっているのか……。その時々の置かれた精神状況で、出てくる言葉のニュアンスも微妙に変わってくる。見えないニュアンスを、通訳する時にどのくらいわかりやすく訳語として表現できるのか。これは、公判のたびに考えさせられる自分自身への課題でもある。

もう一度、起訴状を確認してから被告人に目をやった。

そして、裁判官が入ってくる。

起立……。

法廷、という所が、私には大きな海のように思えることがある。

見晴らしの良い青空の下、穏やかな波の時もあれば、ぶ厚い雲に覆われ真っ暗で嵐のように荒れる波の時もある。そしてある時は、その海が真っ二つに裂けた光景に出合うこともある。

当惑しながら考えることは、いったいこの裂け目はどのくらい深いのか、ということだ。底を見ようにも暗すぎてまったく見当がつかない。

法廷という海に現れたその裂け目は、法の谷間にも、言葉の谷間にも見える。ぽっかりあいたその空間を眺めながら、法廷通訳人は落ちそうで落ちることのできない危うい均衡を、かろうじて保っている。

日本語に通じない人が日本の裁判所で裁判を受けるということ。通訳人が法曹の世界で仕事をするということ。

明確なルールやモラルはありそうでなかなか目に見えず、暗黙の了解らしきものを手繰りながら法廷通訳人は法の谷間で立ち位置をさぐる。

そして、ある言語を別の言語に換えるということ。一人の中に、母語とその上に被さる別の言語が共にあること。

完璧で正しい訳語というものは、切り取られて複写機を通り右から左へ美しく流れるようなものだろうか。的確な言葉を追うほどに、ニュアンスや音のズレが深い言葉の谷間へ逃げてしまいそうな気がするのは私だけだろうか。

法廷通訳人のあるべき姿も、ふたつの言葉の有り様も、ぼやけた輪郭がなかなか像を結ばない。白黒つけたり割り切ったりできる世界がとても遠くに感じられる。

一方で法廷通訳人は、人が裁きを受ける現場に立ち会い、人の人生に関わる言葉のやりとりをしなければならない。どこにも拠らない中立な立場に立ち、公の場で正確な訳語を求められ、良心と誠実さを誓い、守秘義務を守らなければならない。法廷通訳人は厳正な法手続きに関わりながら、たやすく見つからない答えを求めて法廷という海を泳いでいる。

よく耳をすましてみると、そこにある裂け目の底から微かな音が聞こえてくる。異質な者が出合い、ぶつかり合い、こすれ合う時にでる、きしんだ音だ。

耳を両手で覆ってみても、きしみの音は指の隙間からどんどん入ってくる。刹那的な、けれども決して途切れぬこのきしみは、大きな違和感となって、私をとらえてはなさない。違和感は、まさしく私の中にある。

なぜ私は、法廷で通訳するのだろう。

法廷通訳とは、私にとって何なのだろう。

きしみの音に引き寄せられ、違和感に誘われるままに、法廷に立つ。その場に立つことで、問いかけは続き今を生きている。

審理が終わり、閉廷の時間がきた。

被告人の小さなつぶやきが耳に飛び込んでくる。

「カムサハムニダ」

……ありがとう。

予想もしていなかった言葉が体を駆け抜ける。

今ここにいる、法廷通訳人だけがふれることのできた、確かな手触りだった。

おわりに

通訳人名簿に登録してから数年後の頃でした。

要通訳事件が急増し、私も忙しい毎日を過ごしていました。一方、関西では法廷通訳人の誤訳をめぐる報道などが続き、法廷通訳人の質や倫理観をめぐる問題、資格が必要だという世論も大きくなっていました。

望んで入った世界でしたが、理想とされる法廷通訳人像と実務の間で思い悩むことが増えていました。

どうも法廷通訳は現行制度の隙間でニーズに差し迫られた、とりあえずのポジションらしい。

私だって社会での立ち位置や言葉の問題を、法廷通訳という場で満たそうとしているだけではないか。

いや、裁判所から連絡が来るということは通訳が今、必要だからだ。

連絡が来るかぎりは、あれこれ考える前に動くことが先決ではないか。

当時大阪で長きにわたり法廷通訳人を務めた父の後を結果的に引き継ぐような形となり、「法廷通訳人も世襲か」などの厳しい言葉も耳に入ってきていました。既に引退していた父に相談したところで望む答えが返ってくるとは思えず、これが正しくてあれは間違いだとはかれる物差しもなかなか見つかりません。

揺れる心を、ノートに書く日々が続きました。単語の羅列、言葉の断片でしたが、そうすることで自分との折り合いをつけました。書いたものを四つ折りにしてポケットにしのばせ、気持ちを奮い立たせて裁判所に向かうこともありました。

法廷で私が行っていることは、その頃も今も変わらず日本語と韓国語のあいだを行き来することです。あるがままにそのことを、時を経ながら受けとめられるようになった気がしています。

社会の変化にあわせて、法廷通訳の世界も少しずつ広くなってきています。メディアでも取り上げられ、専門の研究も進んでいます。また、裁判員裁判の導入という大きな変革とともに、それまでのやり方を越えた新しい経験もありました。

一方で、現場に立つ法廷通訳人の実態はなかなか見えにくく、声も届きにくくなっている印象もあります。その是非についてここでは述べませんが、制度上も実務上も、白黒つけて語るには困難な側面がとても多いことが、法廷通訳の問題と向き合うことを遠ざけてしまう理由のひとつにあるとも感じています。

なお本書にまとめた文はすべて、既発表のものに加筆訂正を加えたものを含め、私が個人的に感じたことや見たことを折々に綴った、一人の通訳人候補者の思いをまとめたものです。決して法廷通訳全般を語るものではありません。特定の事例や人物を明らかにする目的のものでもありません。また二〇一五年現在の法廷事情と異なる点もありますが、文中の事情に沿った内容であることをご理解いただければ幸いです。

本書をまとめるにあたって、何事も一人ではできなかったと強く感じています。この場を借りて深く感謝申し上げます。

キーボードを打ちながら、年齢も生活も歩んできた背景も違う、さまざまな言語の法廷通訳人の顔が浮かびました。文中ではその姿をMさんに重ねあえて実名を伏せましたが、ご本人の了解を得てMさんこと金明妓さんの本名を記します。得難い経験と時間を共にさせていただきました。

法廷通訳の世界をどのように表現できるのか、見えないことも多く迷いもありました。今回、以前に書いたものを大幅に書き直す必要もあり、大阪文学学校の佐久間慶子さんに厳しく暖かいご指摘をいただきました。気負いがちな作業の傍らでいつも励ましてくださり大きな力になりました。

法曹関係の方々から折にふれ伺ったお話も広く参考にさせていただきました。本書では大阪弁護士会の栗林亜紀子先生にお世話になりました。資料を参考にまとめましたが法律面で不安は拭えず、原稿の校正をお願いしました。ご多忙のなか快くお引き受けくださり、大変貴重なアドバイスをいただきました。

そして多くの方々の支えと励ましに、あらためて厚く御礼申し上げます。

最後になりましたが、拙い原稿から一冊の本にしてくださった港の人の上野勇治さんに、心から深く感謝申し上げます。出会いがなければ形になりませんでした。本当にありがとうございました。

二〇一五年十月

丁海玉

参考資料・文献

『法廷通訳ハンドブック韓国・朝鮮語』最高裁判所事務総局編、法曹会、一九九二年
『法廷通訳ハンドブック実践編　韓国・朝鮮語（改訂版）』最高裁判所事務総局刑事局監、法曹会、二〇一一年
「裁判員制度ナビゲーション（改訂版）」裁判所、二〇一三年
「法廷通訳についての立法提案に関する意見書」日本弁護士連合会、二〇一三年
「ごぞんじですか法廷通訳―あなたも法廷通訳を―（平成二十六年度版）」裁判所、二〇一四年

＊本書は、雑誌『樹林』『纜』『社会文学』などに発表した作品を大幅に改稿し、書き下ろしを加えてまとめた。

丁海玉◎チョン・ヘオク
一九六〇年神奈川県川崎市生まれ。在日韓国人二世。幼少期を北海道旭川市で過ごす。一九八四年ソウル大学校人文大学国史学科卒業。一九九二年大阪高等裁判所通訳人候補者名簿登録。大阪、広島、名古屋、高松各高等裁判所管内にて法廷通訳研修講師（韓国語）を務める。二〇〇二年に発表した「違和感への誘い――法廷通訳の現場から」（『樹林』四四八号）は、第二二回大阪文学学校賞（エッセイ・評論・ノンフィクション部門）を受賞。著書に、詩集『こくごのきまり』（土曜美術社出版販売、二〇一〇年）。詩誌『space』同人。

法《ほう》廷《てい》通《つう》訳《やく》人《にん》

裁判所《さいばんしょ》で日本語《にほんご》と韓国語《かんこくご》のあいだを行《い》き来《き》する

二〇一五年十二月七日　初版第一刷発行

著　者　丁海玉
装　幀　西田優子
発行者　上野勇治
発　行　港の人
神奈川県鎌倉市由比ガ浜三―一一―四九
〒二四八―〇〇一四
電話〇四六七（六〇）一三七四
ファックス〇四六七（六〇）一三七五
http://www.minatonohito.jp

印刷製本　シナノ印刷

ISBN978-4-89629-306-7